성령님의
기름 부으심

성령님의
기름 부으심

베니 힌 지음

안준호 옮김

♙ 사람의집

사람의집은 열린책들의 브랜드입니다.
시대의 가치는 변해도 사람의 가치는 변하지 않습니다.
사람의집은 우리가 집중해야 할 사람의 가치를 담습니다.

일러두기
• 이 책에 나오는 성경 구절은 재단 법인 대한성서공회에서 발행한 『새번역 성경』에서 인용하
  였습니다.

이 책은 실로 꿰매어 제본하는 정통적인 사철 방식으로 만들어졌습니다.
사철 방식으로 제본된 책은 오랫동안 보관해도 손상되지 않습니다.

내 아들 조슈아에게 이 글을 바칩니다. 그가 하나님의 구원 메시지와 성령님의 권능을 땅끝까지 전하기를 기도합니다.

나는 앞서 출간한 『안녕하세요, 성령님!』에서 삼위일체 하나님의 한 분으로서, 여러분이나 나와 같은 실제적 인격이신 하나님, 곧 성령님의 실체를 강조하였습니다. 그 책을 쓴 목적은 여러분에게 성령님을 소개하고, 그분의 임재하심을 경험하도록 인도하는 데 있었습니다. 『성령님의 기름 부으심』의 목적은 좀 더 아름답고 지속적인 관계, 그리고 여러분의 삶 속에서 주 예수님의 특별한 부르심에 응할 수 있는 능력의 현실 속으로 여러분을 인도하는 것입니다. 그 능력은 바로 예수님께서 부활하신 후 약속하신 대로 〈성령님의 기름 부으심〉입니다. 「그러나 성령이 너희에게 내리시면, 너희는 능력을 받고, 예루살렘과 온 유대와 사마리아에서, 그리고 마침내 땅끝에까지 이르러 내 증인이 될 것이다.」(사도행전 1장 8절)

그리스도의 몸된 자가 능력을 필요로 하지 않은 때는 없었습니다. 바로 그것입니다. 오직 전능하신 하나님이 역사하시는 기적적인 능력만이 세상의 구석구석까지 만연된 죄와 질병의 범람을 물리칠 수 있습니다.

연약함은 크리스천인 우리가 가져야 할 것이 아닌데도 많은 사람이 그렇게 되어 왔습니다. 성경은 그리스도에 대한 우리의 증거가 〈여러 가지 표징이 따르게 하셔서〉(마가복음 16장 20절) 확증될 수 있다고 말하고 있습니다.

그 약속을 성취하는 것이 성령님의 기름 부으심의 목적이며, 이런 숨겨진 보물로 여러분을 무장시키는 것이 이 책의 목적입니다.

먼저 거기에는 성령님의 임재하심이 있어야 하며 다음으로 기름 부으심이 따르게 됩니다. 기름 부으심은 성령 세례가 아니지만, 중요한 것입니다. 기름 부으심은 능력, 바로 하나님을 섬기는 능력입니다. 성령님의 임재하심이 여러분의 삶 속에 나타날 때 여러분은 성령님과 달콤한 친교를 갖고 있다는 사실을 확실히 알 것입니다. 그리고 그분께서 여러분에게 영적으로, 정신적으로, 육체적으로 귀신들과 질병과 싸울 수 있는 능력을 주셨을 때는 즉시 그것을 알게 될 것입니다.

따라서 실수하지 말기 바랍니다. 하나님께서는 여러분이 이러한 두 가지 엄청난 선물을 갖기를 원하십니다. 이것은 여러분이 이 책을 읽어 가는 동안 사실로 느낄 것입니다.

여러분의 삶을 변화시키는 순간이 앞에 놓여 있습니다. 주님께서 여러분이 나아가는 단계마다 모든 길에 축복해 주실 것입니다. 우리는 놀랍고도 전능하신 하나님을 섬기고 있습니다!

차례

1

디트로이트에서의 재앙

디트로이트의 호텔 방 침대에 누워 쉬면서, 나는 조용히 기도하며 하나님께 경배드리고 있었습니다. 1980년 어느 토요일 밤이었는데, 시계는 어느덧 자정을 가리키고 있었습니다. 나는 다음 날 도시 외곽에 있는 한 교회에서 아침저녁 예배 때 설교하기로 되어 있었습니다.

곧바로 하나님의 임재하심이 방 안에 아주 강하게 나타났습니다. 눈물이 뺨으로 흘러내리기 시작했으며, 나는 그분의 영광 속에 사로잡히기 시작했습니다. 이미 몇 년 전에 나의 삶 속에서 큰 변화를 일으키셨던 놀라운 성령님의 임재하심이 이번에는 너무 강하였기에 모든 것을 잊고 있었습니다. 새벽 2시가 넘도록 시간 가는 줄 모르고 나는 기도에 열중했습니다.

다음 날 아침 서둘러 일어났지만 충분한 휴식을 취했다고 느꼈습니다. 예배에 나가기 전 다시 한번 기도를 드렸습니다. 그때 나의 기도 시간이 별로 특별한 것이 아니었으며, 전날 밤과 같은 느낌은 아니었지만 성령님께서 함께하고 계신 것을 알았습니다.

예배 시간에 순서가 되어 나는 설교하기 시작했습니다. 입을 열어 첫마디를 시작할 때에 영광의 구름이 그 건물 안으로 들어오고 있었습니다. 하나님의 영광(셰키나Shekinah)이 임하셨던 것입니다. 그것은 전능하신 하나님의 위엄과 거룩한 임재하심이었습니다. 그 영광은 강하였고, 너무나 강하였기에 여러분도 거기 있었다면 움직일 수가 없었을 것입니다.

사람들은 울먹이기 시작했고, 내가 설교를 하고 있을 때 어떤 사람은 의자에서 마루로 떨어지기도 했습니다. 그들은 서서히 무너지고 흐느끼고 있었습니다. 그들의 반응은 대단했습니다. 무슨 일이 일어났던 것일까요?

그러고 나서 나는 눈을 감고 한 마디만 했습니다. 「예수님!」 하나님의 임재하심과 능력은 전보다 훨씬 더 강하게 청중 사이를 휩쓸었고, 사람들은 도처에서 그것을 느끼고 있었습니다. 어느 한 사람도 그분의 손길이 닿지 않은 이가 없었습니다.

나중에 내 곁에 서 있던 한 사람은 〈전에는 결코 그렇게 느껴 본 적이 없었던 하나님의 임재하심을 그때 느꼈습니다〉라고 말했으며 그의 뺨에는 눈물이 흘러내리고 있었습니다.

그가 옳다는 것을 나는 알고 있었지요. 나도 예배 중에 그렇게 강하게 성령님의 임재하심과 기름 부으심을 느껴 본 적이 없었습니다.

점심 시간

예배 후 디트로이트에 살고 있는 사촌 누이 집에서 점심을 하기로 약속이 되어 있었습니다. 나는 오랫동안 누이를 보지 못했기에 점심을 같이하고 싶었습니다. 사촌 누이와 남편은 내가 도착했을 때 나를 반갑게 맞아 주었습니다. 우리는 식탁에 앉아 재회의 기쁨을 나누고 있었습니다. 즐거운 식사와 활기 있는 대화를 하며 기쁨으로 가득 차 있었습니다.

점심을 즐기는 동안, 갑자기 주님께서 내 마음을 두드리고 계시는 것을 느꼈습니다. 그런 느낌을 나는 잘 알고 있지요. 그분께서 조용히 말씀하셨습니다. 「가서 기도하라.」

나는 놀라며 마음속으로 대답하였습니다. 「주님, 지금은 떠날 수가 없습니다. 저는 이 사람들과 점심을 같이하고 있습니다. 그리고 저는 다른 사람 차를 타고 오지 않았습니까? 호텔까지는 45분 거리인데 제가 어떻게 혼자 거기에 갈 수 있겠습니까? 또한 어떻게 식사 중에 일어나서 자리를 뜰 수 있겠습니까?」

성령님께서는 대답 없이 조용하셨습니다.

점심 식사를 끝내고 나에게 차편을 제공했던 사람이 다시 나를 호텔로 데려다주었습니다. 나는 몹시 피곤해서 호텔 방에 도착하자마자 잠시 낮잠을 청했습니다.

저녁 집회에 도착했을 때 청중은 아침에 모였던 인원의 두 배나 되었습니다. 하나님의 능력이 너무나 위엄하였기에 사람들은 흥분해 있었고, 저녁 집회에 대한 기대로 가득 차 있었습니다. 아침 집회가 그렇게 강력하였다면 저녁 집회는 어떻게 되었을까요?

그러나 달랐습니다

나는 설교를 시작하려고 입을 열었으나 설교에는 아무것도 없었습니다. 단지 말밖에는. 거기에는 임재하심이 없었습니다. 압도적인 성령님의 기름 부으심도 없었습니다. 그리고 능력도…….

나는 버둥거리고 있었습니다. 다음을 어떻게 진행해야 할지 몰랐습니다. 무언가 잘못되어 가고 있지 않나 하고 의아해하는 그들을 향해 그저 말을 나열해 갈 수밖에 없었습니다. 그것은 아무 일도 일어나지 않았다는 사실을 말합니다.

불과 몇 시간 전에 나는 예수님의 이야기를 하였으며, 그리고 하나님의 능력은 청중 속으로 파도처럼 흘러들어 갔습니다. 사람들은 자신들이 하나님의 임재하심으로 흐느꼈듯이 하나님의 손길을 느꼈었습니다. 그러나 지금은……. 나는 내가 생각해 낼 수 있는 모든 말을 했지만 아무것도 일어나지 않았습니다.

마침내 예배는 끝났지만 그것은 재앙이었습니다! 나는 가능한 한 빨리 호텔 방으로 되돌아왔습니다. 방에 들어가자마자 문을 잠가 버렸습니다. 〈아, 이젠 살았다!〉 그 예배는 끝도 없이 진행되었던 것 같았습니다.

나는 침대에 앉아 그 호된 시련에 대해 생각하기 시작했습니다. 이해할 수가 없고 혼란스러울 뿐이었습니다.

「하나님, 어찌 된 일입니까? 아침 집회 때는 당신의 임재하심이 너무나 압도적이고, 당신의 능력이 너무나 엄청나서 저는 당신의 영광 중에 감히 서 있기도 어려웠습니다. 사람들도 감동하여 눈물을 흘리지 않았습니까?」

나는 마음속으로 계속 말했습니다. 「그때는 마치 천국과 같았습니다. 그러나 저녁 집회 때는……. 무엇이 잘못된 것입니까? 왜 예배가 빈껍데기뿐이었습니까? 당신께서는 거기 계시지 않았습니다!」

나의 하소연이 그치자 드디어 조용하고 부드러운 성령님의 음성이 들려왔습니다. 「점심 때 내가 네 마음을 두드리며 〈가서 기도하라〉 한 것을 기억하느냐? 너는 네 사촌 누이와 머물기를 더 원했어. 너는 내가 차지해야 할 자리를 네 사촌 누이와 그 남편에게 주었고 그들을 나보다 더 생각하고 있었던 거야.」

아주 조용히, 그러나 변명하듯이 나는 대답했습니다. 「그러나, 주님 저는 떠날 수가 없었습니다. 제 사촌 누이가 어떻게 생각하겠습니까?」

음성은 아직도 조용하고 부드러웠습니다. 「그것이 그 대가의 일부분이야, 베니. 너는 기름 부음에 대한 대가를 치를 작정이냐?」

이미 전에 들었던 말씀이었습니다

그렇습니다. 내가 『안녕하세요, 성령님!』에서 쓴 것과 같이 성령님의 임재하심 안에는 능력이 있습니다. 그리고 이 책에는 여러분에게 가르쳐 드리길 원하는 기름 부으심의 능력이 있습니다. 그러나 기름 부으심의 능력은 우리가 그것에 대해 반드시 지불해야 할 대가가 있습니다. 디트로이트에서 일어났던 일에서 세 가지 요소가 모두 나타났습니다. 만약 우리가 순종의 대가를 지불할 용의가 있다면, 성령님의 임재하심은 기름 부으심의 능력 안에서 살아갈 수 있도록 우리를 인도하실 것입니다.

나에게 성령님을 소개해 주는 데 중요한 역할을 하였고, 성령님의 임재하심과 기름 부으심을 잘 알고 있었던 캐서린 쿨먼 여사가 〈대가〉에 대해 이야기한 적이 있는데, 그녀는 그것을 지불했다고 하였습니다.

또 나는 성령님의 무한한 기름 부으심이 삶 속에 있었던, 영국에서 우연히 만났던 한 사람을 결코 잊을 수가 없습니다. 언제나 그에게 가까이 다가갈 때마다 내 무릎은 떨렸습니다. 어떤 때는 그를 바라보는 것만으로도 나의 연약함을 느꼈습니다.

어느 날 나는 기도했습니다. 「주님, 저 사람과 같이 저에게도 당신의 기름 부으심이 있게 하옵소서.」

주님께서 뒤에서 말씀하셨습니다. 「대가를 지불해야 한다. 그러면 너에게 그것을 주겠노라.」

「그 대가가 무엇입니까?」 나는 물었습니다.

응답은 즉시 오지 않았지만, 어느 날 성령님께서 그것을 가르쳐 주셨습니다. 성령님께서 사도행전 4장 13절의 말씀을 내게 보여 주셨습니다.「그들은 베드로와 요한이 본래 배운 것이 없는 보잘것없는 사람인 줄 알았는데, 이렇게 담대하게 말하는 것을 보고 놀랐다. 그리고 그들은 그 두 사람이 예수와 함께 다녔다는 사실을 알았지만,」

바로 이것이 열쇠입니다. 가끔도 아니고 하루에 단 몇 분도 아닌, 계속적으로 끊임없이 예수님과 함께 있는 것 말입니다. 토요일 밤 디트로이트에서 나는 예수님과 함께 있었습니다. 그러나 나는 나중에 그분께서 원하실 때 그분과 함께하기를 거절하였던 것입니다.

임재하심과 기름 부으심. 이 책을 계속 읽어 나갈 때 여러분께서는 어떻게 하나님의 능력과 충만으로 성령님께서 여러분을 매일매일 인도하시는지를 알게 될 것입니다. 기름 부으심을 한번 체험하게 된다면 귀한 하나님 손길의 실제를 깊고 풍부하게 깨닫게 될 것이며, 여러분은 결코 예전과 같지 않을 것입니다.

2   가장귀한
선물

「크리스천으로서 당신은 무엇을 가장 귀중하게 여기고 있습니까?」 사람들은 여러 해 동안 나에게 이렇게 물어 왔습니다. 어느 때나 나의 대답은 같습니다. 구원을 제외하고, 나는 기름 부으심을 가장 귀중하다고 여깁니다.

기름 부으심이란 용어는 여러분 가운데 몇몇 사람에게는 친근하지 않을 것입니다. 이 책은 그러한 상황을 바꾸어 줄 것입니다.『안녕하세요, 성령님!』에서 쓴 것과 같이, 하나님께서 당신의 성령님을 통해서 귀한 기름 부으심으로 내 삶에 처음 은혜를 주신 이래 나는 그전과는 완전히 달라졌습니다. 기름 부으심이란 성령님의 기름 부으심을 말합니다. 그것은 주 예수 그리스도에 의해서만 행해집니다. 어떤 인간도 그것을 할 수는 없습니다.

다음 장에서 말하겠지만, 그 영광스러운 만남 이래 나는 기름 부으심 없이 사느니 차라리 죽는 편을 택하겠습니다. 우리 시대의 이기주의나 인도주의적인 관점에서는 극단적인 말로 들리겠지만, 이 말은 진실입니다. 내가 계속 드리는 기도는 간단한 것입니다. 그리고 나는 이러한 기도가 여러분의 것이 되리라고 믿습니다.

「하나님, 제발 저에게서 당신의 기름 부으심을 거두지 마시옵소서. 앞으로 제 삶 속에서 당신의 손길이 없다면 저는 죽는 편이 차라리 낫겠습니다. 당신의 성령님의 기름 부으심이 없는 날들이 제게 없게 하시옵소서.」

하나님께서 기름 부으심이란 특별한 손길에 관하여 내게 가르쳐 주신 것은 나에게 언제나 같이 있는 친구 이상인 성령님과의 관계라는 귀중한 선물을 얻게 한 것입니다. 현재 나는 기름 부으심에도 몇 가지가 있다는 것을 알고 있는데, 그것은 이 책의 뒷부분에서 다루기로 하겠습니다. 그리고 주님을 떠난다거나 나 자신보다 귀중히 여기는 친밀한 관계를 상실할 수도 있디는 것을 니는 알고 있습니다. 나는 고의적으로 그분에게 등을 돌리고, 그분과의 친교를 멀리할 수도 있습니다. 그러나 나는 결코 그렇게 하지 않을 것입니다. 조금 전에도 말했지만, 그분의 손길을 잃는 것보다는 죽는 편이 낫기 때문입니다.

나의 목표는 하나님과의 관계를 더욱 깊이 하고 더 높은 차원의 기름 부으심으로 성장해 가는 것입니다. 그분께서 내게 주신 믿을 수 없는 체험에도 불구하고, 그분은 자녀들을 위하여 더 많은 것을 가지고 계시다는 사실을 나는 알고 있습니다. 이 믿기 어려운 모험에 여러분이 동참하기를 원합니다.

여러분, 하나님께서는 오늘날 여러분의 삶에 특별한 손길을 준비하고 계시다는 것을 알기 바랍니다. 「오늘은 여러분의 날 This is your day」이라는 나의 일일 텔레비전 프로그램에서 선포하고 있듯이 말입니다. 그것은 오늘일 수도 있고, 여러분이 원하면 여러분의 삶 속에서 매일매일이 될 수도 있습니다. 성령님께서 여러분과 함께하신다는 사실, 바로 기름 부으심이 말입니다.

여러분의 갈망은 채워질 수 있습니다

아마 여러분도, 〈베니, 내 삶 속에서 하나님의 능력을 체험하기를 원합니다. 그렇지만 나는 정말 어떻게 그런 일이 일어나게 할 수 있는지 모릅니다. 나는 하나님을 사랑합니다. 그리고 하나님께서도 나를 사랑하고 계심을 압니다. 그러나 나는 더 깊고, 더 친밀한 관계를 원합니다. 나는 그분에 관해 알고자 하는 것이 아니라, 그분 자체를 알기 원하고, 그분 능력의 실제를 규칙적으로 체험하기를 원합니다〉라고 말하는 많은 사람과 비슷하겠지요.

여러분의 갈망은 채워질 수 있음을 확신합니다. 하나님은 여러분의 부르짖음을 들으셨습니다. 먼저 하나님께서는 당신의 자녀들 모두가 당신의 임재하심을, 한두 번만이 아니라, 매일 체험하기를 강하게 원하고 계시다는 것을 여러분이 알아야 합니다. 그분은 임재하심뿐만 아니라, 당신의 교통하심과 능력 또한 자녀들이 알고 있기를 바라십니다.

여러분, 그럼에도 불구하고 여러분은 하나님의 임재하심을 체험하기 전까지는 하나님의 기름 부으심의 능력을 알 수 없습니다. 많은 사람이 〈기름 부으심〉의 참의미와 본질을 잘못 이해하고 있습니다. 그들은 이것을 느끼는 정도의 차이라든지 잠깐 스쳐 지나가는 〈오싹〉하는 기분으로만 생각하고 있습니다. 그러나 그것은 사실이 아닙니다. 성령님의 기름 부으심이 여러분의 삶 속에 나타날 때에는 모든 혼란이 사라집니다. 여러분은 영원히 변화될 것입니다.

나는 처음, 그 달콤하고 위엄이 있으며 강력한 기름 부으심이 급류와 같이 내게 엄습하였을 때를 기억합니다. 그때는 마치 주님이 사랑의 담요로 나를 감싸고 있는 듯했습니다. 성령님의 임재하심 속으로 내가 녹아들어 감으로써 내 주변은 그림자 속으로 점점 사라져 갔습니다. 거기에는 그분이 누구였나 하는 의심이 있을 수 없었습니다. 나는 그분의 가까이 게심과 사랑에 압도되어 있었습니다. 완전한 평안을 느꼈으며 환희 속으로 빠져들어 갔습니다.

여러분 또한 오늘과 내일, 그리고 언제나 성령님의 기름 부으심과 능력을 체험함으로써 그러한 것을 친밀하게 알 수 있게 될 것입니다.

여러분 자신은 죽어 있나요?

오직 자기 자신을 버릴 때, 완전히 자기 자신을 비울 때, 여러분은 하나님의 임재하심으로 채워질 수가 있습니다. 그러고 나서야 사도행전 1장 8절에 나타난 권능의 약속이 여러분의 삶 가운데 채워질 것입니다. 그분의 임재하심이 여러분을 둘러쌀 때 그분의 능력은 여러분으로부터 쏟아져 나오기 시작할 것입니다.

이 책에서는 놀랍고도 불가능한 것처럼 들리는 나 자신의 죽음에 대해 이야기하려고 합니다. 그리고 내가 어떻게 처음 기름 부으심을 체험하였고, 그것이 어떻게 내 삶을 반전시키는 계기가 되었는가를 여러분과 같이 나누고자 합니다.

『안녕하세요, 성령님!』에서 쓴 것처럼 모든 것이 급격하게 변화되었습니다. 하나님의 성령과 나의 관계는 첫날 이래 점차 깊어 갔습니다. 그분은 매일, 매 시간 내 존재의 일부였습니다. 나는 아침에 그분께서 내게 오셔서 종일토록 그분과 함께 걷기를 원한다고 기도하지 않은 적이 없었습니다.

성령님께서는 여러분의 삶 속에 있는 모든 분야에 아주 관심이 많으시다는 것을 또한 이해해야 합니다. 그분께서는 영적인 것과 세속적인 것을 구분하지 않습니다. 거기에는 세속적인 것이 없습니다. 그분은 실제로 모든 것에 관여하시기를 원합니다.

이 책의 첫 부분에서 성령님이라 불리는 인격체에 대해 여러분에게 말씀드리고자 합니다. 얼마나 많은 사람이 그분에 대해 무지한지 모릅니다. 그분은 하나님이십니다. 사람들은 성령님을 무시하고 있습니다. 그분에게 전혀 말을 하지도 않고, 자기 자신의 한 부분으로서 매일 매 시간 같이하기를 간청하지도 않습니다. 그들은 빌고 간청하기를 원하는 것 같지만, 응답이 없을 때는 짜증을 내기도 합니다.

이 얼마나 잘못된 일입니까! 성경은 말합니다. 「하나님께로 가까이 가십시오. 그리하면 하나님께서 가까이 오실 것입니다.」(야고보서 4장 8절) 이제 그렇게 할 시간입니다. 〈제가 여기 있습니다. 성령님. 어서 오시옵소서. 저와 함께하시옵소서. 아버지께서 저를 위하여 준비하시는 것을 받을 수 있도록 도와주시옵소서. 주님께서 말씀하신 것을 들을 수 있도록 도와주시옵소서〉라고 말할 시간입니다.

내가 〈성령님, 오시옵소서〉라고 말할 때 세상의 무질서와 혼돈은 중지됩니다. 어둠은 빛으로 바뀝니다. 나의 빈 마음은 채워지고 나의 귀는 아버지의 음성을 들을 수 있도록 열립니다. 성령님의 임재하심이 여러분에게 나타나지 않는다면 하나님의 음성도 없을 것입니다.

여러분은 〈성령님이 하나님이시라면, 왜 그분은 모든 것을 알아서 우리를 그냥 돕거나 우리가 필요로 하는 것들을 주시지 않습니까?〉 하고 질문할 것입니다.

그것은 그분이 아주 점잖으셔서 당신의 의지를 여러분의 삶 속에 전혀 강요하지 않으시기 때문입니다. 그러나 여러분이 〈성령님, 제가 간구하는 바를 받을 수 있도록 도와주십시오〉 하고 말하는 순간 그분은 오셔서 여러분이 아버지께 간구한 바를 예수님을 통해서 받을 수 있도록 도와주실 것입니다. 그분은 여러분과 교통하고, 친교 나누기를 원하신다는 것을 알아야 합니다. 그분은 순간순간마다 관계를 가지기를 바라시며 여러분이 실제 그리스도의 마음을 가질 수 있도록 하시는 분입니다(고린도전서 2장 16절).

성령님께서 여러분 삶 속에서 실제적으로 되실 때, 그분께서는 기름 부으심과 능력이 넘쳐흐르도록 준비하실 것입니다.

여러분은 베드로와 야고보와 요한이 변화산 위에서 주님과 같이 있었을 때(마태복음 17장 1절 이하)를 기억합니까? 그때 홀연히 빛난 구름이 저희를 덮었습니다. 구름은 무엇이었습니까? 그것은 성령님이셨습니다. 구약에서 구름이 회막을 덮는 대목을 읽을 때(출애굽기 40장 34절)도 그 구름이 바로 성령님이셨음을 알 수 있습니다.

또한 예수님께서 부활하신 후 승천하실 때, 구름이 주님을 맞이했습니다(사도행전 1장 9절). 그 구름 또한 성령님이셨습니다. 마찬가지로 예수님께서 다시 오실 때 주님은 같은 구름을 타고 오실 것입니다(사도행전 1장 11절).

주님께서 말씀하실 때, 음성은 어디에서 들려왔습니까? 구름 속에서였습니다. 성령님께서는 바로 하나님의 음성을 여러분 마음속 깊은 곳에 분명하게 전달해 주시는 분입니다.

만약 여러분이 이러한 것들을 실제로 매일같이 하고 있지 않다면, 여러분은 임재하심과 기름 부으심이 무엇인지 이해할 필요가 있습니다. 나는 하나님에 대해, 그리고 그분이 여러분의 삶 속에서 하실 것에 대해 제한을 두기를 원치 않습니다. 또한 여러분이 성령님의 임재하심을 맞이할 때, 삶 속에서 로마서 8장에 나타난 다음과 같은 아름다운 일곱 가지 일을 발견할 수 있다는 것을 잘 압니다.

첫째, 여러분은 죄로부터 해방될 것입니다. 여러분도 다른 많은 사람과 같이 여러분의 삶 속에서 극복하지 못한 어떤 부분에서 여러 해 동안 고전하고 있을 것입니다. 성경은 여러분이 성령님을 따를 때까지 죄의 법에서 해방되지 못할 것이라고 말합니다.

둘째, 〈성령님을 좇는〉 것을 배움으로써 의로움이 자연히 삶 속으로 들어오게 됩니다. 강제로 시키지 않을 것입니다. 여러분의 의로움에 대한 고난은 쉽게 영원히 해결될 것입니다.

셋째, 여러분의 생각이 변화될 것입니다. 여러분의 마음이 〈육신의 일〉을 좇는 것으로부터 해방시켜 주며 〈영의 일〉을 좇을 수 있도록 도와줍니다.

넷째, 여러분은 완전한 평안을 얻게 될 것입니다. 바울은 〈영의 생각은 생명과 평안이니라〉라고 말했습니다.

다섯째, 여러분은 머리끝에서 발끝까지 치유받게 될 것입니다. 〈그리스도 예수를 죽은 자 가운데서 살리신 이가 너희 안에 거하시는 그의 영으로 말미암아 너희 죽을 몸도 살리시리라〉라고 바울이 말한 것과 같이 그리스도의 몸된 자의 대부분이 급히 필요로 하는 것은 채워집니다.

여섯째, 여러분은 자기 자신에 대해 완전한 죽음을, 하나님께 대해 완전한 생명을 얻게 될 것입니다. 바울은 〈영으로써 몸의 행실을 죽이면 살리니〉 하고 말했습니다.

일곱째, 여러분은 아버지와 친밀하게 될 것입니다. 성령님에 의해서 여러분은 그분의 얼굴을 바라보고 〈아빠, 아버지〉라고 부를 것입니다.

그 무엇보다도 전능하신 분을 섬기는 능력을 얻게 될 것입니다. 미국 각 주를 순회하면서 기적의 부흥 집회를 통해서 개인적으로 만난 많은 사람처럼 여러분도 그것에 굶주리고 있으며 첫 장에서 언급한 대가를 지불할 준비가 되어 있을 것입니다.

이러한 체험과 이해를 여러분과 나눌 수 있다는 사실에 나는 몹시 흥분됩니다. 내가 알고 있는 성령님의 임재하심과 기름 부으심으로 인해서, 하나님의 수백만 명 사람들 사이에 그 수를 더욱 증가시킬 수 있다면 이 세대에 주님께서 필요한 자들을 가까이하실 수 있는 길이 될 것입니다. 나는 여러분이 나처럼 흥분되기를 기도합니다.

처음에는

1973년 12월 어느 날 밤 나는 방바닥에 꿇어앉아서 몇 시간 전에 들은 말들과 씨름하고 있었습니다. 이상한 말들, 강력한 말들이었습니다. 왜 전에는 그런 말들을 들은 적이 없었을까요?

밤 11시가 지난 후여서 피곤할 텐데도 새벽까지 거뜬할 정도로 정신은 맑았습니다. 그러나 마음은 내 삶을 흔들어 놓은 사건으로 줄곧 달음박질하고 있었습니다.

내가 잘 알지도 못하는 신유의 부흥사가 인도하는 피츠버그의 집회로 한 친구가 나를 데리고 갔습니다. 그 부흥사의 이름은 캐서린 쿨먼이었습니다. 나는 나의 삶의 행로가 완전히 바뀔 것을 피츠버그에서 보았고, 들었고, 체험했습니다.

한두 해 전에 나는 이미 구원을 받았으며, 그 후 학교 친구들 몇 명에게 성령 운동에 대해 소개를 받은 적이 있었습니다. 나는 영적인 삶에 대해서는 거의 알지 못했습니다. 나는 무언가에 주렸고 필사적으로 무언가를 원하고 있었습니다. 그러나 내가 발견한 것들은 내 마음을 흡족하게 만들지 못했습니다. 그러나 지금은 다릅니다! 그날 그녀가 의미했던 것은 무엇이었을까요?

다시 한번 나는 쿨먼 여사의 집회를 상기해 봅니다. 설교의 제목은 〈성령님의 능력의 비밀〉이었습니다. 이 별난 분에 대한 나의 첫인상은 날아갈 듯이 하늘거리는 흰 드레스를 입고 거의 춤추듯이 강단 위에서 이리저리 왔다 갔다 하는 것이었으며, 마치 보이지 않는 어떤 힘에 밀려 떠다니는 것 같았습니다. 집회 전 두 시간, 그리고 집회 중 한 시간 동안이나 당황할 정도로 내게 떨림이 있었다는 것과 내가 꿈속에서나 상상할 수 있었던 휴거가 곧 일어날 것 같은 예배에 참석했던 것을 기억합니다. 그 집회 동안 주님이 바로 거기 계셨다는 것은 의심할 여지가 없었습니다. 그분의 임재는 확실했습니다.

그 당시까지 나의 기도 생활은 보통보다 약간 진지한 정도였습니다. 그러나 피츠버그에서 있었던 몇 시간 동안은 내가 주님께 이야기한 것이 아니라 주님께서 내게 말씀하신 것입니다. 주님은 당신의 사랑을 내게 보여 주셨습니다. 그분은 당신의 자비와 긍휼을 내게 베풀어 주셨습니다. 그것은 아주 놀랄 만한 교통이었습니다.

그 후에 주님과의 깊은 친교를 막 끝내고 쿨먼 여사가 얼굴을 손에 묻고 흐느끼는 것을 보게 되었습니다. 그녀는 상당히 오랫동안 흐느끼고 있었으며, 모든 것이 중단되었습니다. 음악도 중단되었고, 안내인도 발을 멈추었습니다. 조그만 돌멩

이가 떨어져도 들릴 정도로 몇 분 동안 그렇게 고요했습니다.

그러고는 갑작스럽게 그녀가 고개를 뒤로 젖혔으며, 눈은 불꽃이 튀는 듯 반짝였습니다. 불꽃! 전에는 그러한 것을 본 적이 없었습니다. 그녀의 몸 전체로부터 담대함이 튀어나오는 듯했습니다. 그리고 나서 화살과도 같이 긴 손가락으로 찌르듯이 앞을 가리켰습니다. 힘이 있어 튕겨 나올 것 같은 느낌이었습니다. 그러나 그 가냘픈 손가락으로부터는 그보다 더한 고통과 감정이 튀어나왔습니다. 그녀는 순간 다시 한번 흐느꼈다가 고뇌와 극적인 것이 섞여 있는 듯한 목소리로 〈제발〉하며 간청했습니다. 그 말은 끝도 없이 이어진 것 같았습니다. 「제에……바알…… 성령님을 근심시키지 마십시오.」 다시 한번 말했습니다. 「제발 성령님을 근심시키지 마십시오.」

아무도 움직이지 못했습니다. 나 역시 그녀가 손가락으로 나를 가리키고 있다고 느꼈기 때문에 조바심이 일었습니다. 그곳에서는 어느 누구라도 똑같이 그렇게 느꼈을 것이라 확신합니다.

그러고는 〈여러분, 이해하시지 못하겠어요? 그분은 저의 모든 것입니다〉라는 울음 섞인 목소리가 허공에 메아리치고 있었습니다.

나는 그녀가 무슨 말을 하는지 몰랐지만, 모든 것을 스펀지처럼 흡수하고 있었습니다.

그녀는 계속 간청했습니다. 「제발! 그분에게 상처를 주지 마세요. 그분은 저의 모든 것입니다. 제가 사랑하는 그분에게 상처를 주지 마세요!」

잠시 후 그녀는 다시 가냘픈 긴 손가락으로 앞을 가리키며
— 바로 나를 가리키고 있었다는 것을 나는 압니다 — 말했습
니다. 「그분은 이 세상의 다른 어떤 것보다도 더 실제적이에
요. 그분은 여러분보다 더 실제적이십니다.」

크리스천으로서 우리가 꼭 붙들어야 할 것이 있기에 나는
다시 한번 이 장면을 여러분에게 소개합니다. 특히 우리는 성
령님의 임재하심과 기름 부으심의 실제성을 향하여 나아가고
있으니 말입니다. 캐서린 쿨먼은 여러분이나 나보다 더한 한
인격체, 즉 물건이나, 안개 같은 것이나, 어떤 힘이나, 유령 같
은 것이나, 섬뜩한 것이나, 오르간이나 하프를 연주할 때 떠다
니는 어떤 물질이 아닌, 한 인격에 대하여 이야기하고 있었습
니다. 성령님은 자연스러운 성품을 가지신 인격이십니다. 삼위
일체 하나님의 본질을 가지신 세 분 중의 한 분이시며, 창조의
일을 하셨고, 구원과 능력을 주시는 분리될 수 없는 한 분 하나
님이십니다. 여러분은 이 진리를 결코 잊어서는 안 됩니다.

그해 12월 토론토의 내 방에서 내가 알고 있는 것은 단지 캐
서린 쿨먼이 가진 것을 나도 원한다는 것뿐이었습니다. 〈그분
은 저의 모든 것입니다〉라는 말이 무엇을 뜻하든 나는 바로 그
것을 원하고 있었습니다.

그분이 거기 계셨습니다

그날 밤 늦게 누군가가 나에게 무릎을 꿇도록 시키며 잡아

당기는 것을 느꼈습니다. 내 입에서 나온 첫마디가 〈성령님〉이었습니다. 전에는 그렇게 해본 적이 없었습니다. 지금도 믿기 어려울 정도입니다. 여러분, 그때까지 나는 성령님을 내가 말씀드려야 할 대상의 한 인격으로 전혀 생각하지 못했다는 것을 기억하십시오. 나는 아버지와 아들께만 기도를 올리는 줄 알았습니다.

나는 용기를 내어 말했습니다. 「성령님, 캐서린은 당신이 자신의 친구라고 말했습니다. 그러나 저는 당신을 알고 있는 것 같지 않습니다. 어제까지는 당신에 대해 안다고 생각했는데 그 집회 후 저는 당신에 대해 정말 알지 못한다는 것을 깨달았습니다. 저는 당신에 대해 너무 모르는 것 같습니다. 당신을 만날 수 있을까요? 정말로 당신을 만날 수 있나요?」

아무것도 일어난 것 같지 않았습니다. 그러나 내 자신이 옳은가 하는 의문과 함께 눈이 저절로 감기며 마치 전기를 만진 것처럼, 피츠버그에서 떨었던 것과 같이 갑자기 온몸이 떨리기 시작했습니다. 단지 그때와의 차이는 토론토의 내 침실에서 파자마를 입은 채 꿇어앉아 있다는 것뿐이었습니다. 그리고 매우 늦은 밤이었습니다. 그러나 나는 하나님 성령의 능력으로 흥분되어 떨리고 있었던 것입니다. 그분은 내 방 안에 분명 임재해 계셨습니다! 나의 삶은 전과 같을 수가 없었습니다. 그리고 내가 여기 말한 것을 여러분도 체험하게 되면, 여러분도 나와 같은 말을 할 것입니다.

1년 동안 계속된 학습

나의 만남은 너무나 생생하였기 때문에 다음날 아침 일찍 일어났을 때, 나는 세상에서 가장 자연스러운 일을 한 것 같았습니다. 나는 〈안녕하세요, 성령님!〉 하고 말했으며 지금도 매일 아침 인사를 드리고 있습니다. 그분은 임재하셔서, 매일 잠에서 깨어난 첫 순간부터 우리의 삶 속에 참여하시기를 바라고 계십니다.

그런 첫날 아침, 전날 밤의 장엄한 분위기가 의심할 여지 없이 되돌아왔습니다. 그때는 떨림이나 경련은 없었습니다. 내가 그분의 임재에 감싸여 있다는 것뿐이었습니다.

그로부터 1년 동안 성령님의 달콤한 임재하심을 강하게 체험하고, 그분과 친교와 교통을 나누며, 성령님이 인도하시는 성경 공부를 하게 되었으며, 선생님이시며, 보혜사이시며, 위로하시는 분이라고 히나님의 말씀에 기록된 분으로부터 말씀을 들었습니다.

나의 책 『안녕하세요, 성령님!』에서 내가 예수 그리스도에게 헌신하고자 변화된 후 가족과 많은 문제가 있었다고 말했습니다. 나는 이스라엘의 한 그리스인 가정에서 태어났습니다. 아버지는 야파시의 시장이셨으며 나는 가톨릭 학교에서 교육을 받았습니다. 내가 여러 사람 앞에서 예수님을 영접한 후 가족은 나를 배척하여 왔습니다. 갈등은 아버지께서 내게 말을 걸지 않으실 정도로 심각해졌으며, 다른 친척들마저 나를 비난하고 무시했습니다.

심한 말더듬이 증세 때문에 말을 자유롭게 할 수 없었던 것은 더욱 큰 장애였습니다. 그래서 내 방에서 홀로 수많은 시간을 보내야 했습니다. 그러나 성령님과의 만남 이후 이 같은 상황은 오히려 내게 이점으로 바뀌었으며, 그분의 임재하심이 헤아릴 수 없는 풍요 속으로 나를 즐겁게 인도했습니다.

얼마 되지 않아, 삶 속에서 우선 순위를 성령님의 임재하심에 두었기에 나는 쿨먼 여사처럼 되어 갔습니다. 성령 세례보다, 방언을 하는 것보다, 이미 내가 경험한 바 있는 성령주의자들의 일상생활에 나타나는 것들보다 더한 사실에 대해 나는 이야기하고 있는 것입니다. 그렇습니다. 나는 이미 방언으로 기도할 수 있었으며, 깊은 신앙으로 성령 운동 교회에 나가기도 했습니다. 그러나 이것은 그런 것들보다 훨씬 강한 체험이었습니다.

성령님은 내게 실체가 되셨습니다. 그분은 나의 친구가 되셨습니다. 내가 성경을 펼쳐 들면 내 옆에 앉아 계신 것처럼 그분께서 임재하심을 나는 알고 있었습니다. 그분은 끈질기게 나를 가르치셨으며, 나를 사랑하셨습니다. 물론 나는 그분의 얼굴을 볼 수 없었지만 나는 그분이 계신 것을 알고 있었습니다. 그리고 나는 그분의 성품을 알기 시작했습니다.

예수님께서는 당신의 제자들, 즉 여러분과 나를 남겨 두고 떠나시지 않으면, 우리와 함께하시며 우리를 인도하실 분을 보낼 수 없다고 말씀하셨습니다. 그리고 그때 나는 예수님께서 그 말씀을 지키고 계신 것을 첫눈에 알게 된 것입니다.

목적은 확실해졌습니다

　신앙 생활이 〈축복해 주세요〉, 〈주시옵소서〉 하는 식이 되어서는 안 되겠기에 『안녕하세요, 성령님!』에서 소개했던 주목할 만한 체험을 다시 한번 이야기하려고 합니다. 왜 주님께서는 당신의 임재하심의 실제를 알게 해주시는 것일까 하는 질문을 주님께 수없이 드린 후 나는 놀랄 만한 환상을 보았습니다. 누군가가 내 앞에 서 있는데, 불꽃에 휩싸여 걷잡을 수 없을 정도로 움직이고 있었으며 발은 바닥에 닿지 않은 채였습니다. 입을 열고 닫으시는 것이 마치 성경에 묘사한 〈이를 갈이 있으리라〉고 한 것과 같았습니다.

　순간 주님께서 나에게 음성으로 말씀하셨습니다.

「복음을 전파하라.」

「하지만 주님, 저는 말을 잘할 수 없는데요.」 나는 대답했습니다.

　이틀 뒤 나는 밤에 꿈을 꾸었습니다. 한 천사가 손에 쇠사슬을 든 것을 보았는데, 그 사슬이 붙어 있는 문 너머에는 천국이 있다고 생각되었습니다. 그가 그것을 잡아당기자 문이 열렸는데 그곳에는 눈동자까지도 똑똑히 볼 수 있는 사람들이 있었습니다. 그들은 크고 깊은 골짜기를 향하여 움직이고 있었는데 그 골짜기는 불타는 지옥이었습니다. 수천 명의 사람이 불 속으로 떨어지고 있었습니다. 맨 앞에 선 사람은 떨어지지 않으려고 필사적이었지만 뒷사람들에게 밀려 불꽃 속으로 떨어졌습니다.

다시 주님께서 말씀하셨습니다.

「네가 복음을 전파하지 않는다면 불 속으로 떨어지는 사람들 중 많은 이에 대해 너에게 책임을 묻겠다.」

수개월 전에 있었던 나의 믿을 수 없는 체험을 포함하여 내 삶 속에 일어났던 모든 일이 단 한 가지 목적을 가지고 있음을 나는 즉시 알게 되었습니다. 그 목적은 바로 그분께서 나를 복음 전파의 길로 인도하시는 것이었습니다.

놀랄 만한 변화

1974년 12월, 나는 토론토에서 동쪽으로 약 50킬로미터 떨어진 오샤와에 사는 스탠과 셜리 립스 부부를 방문한 적이 있습니다. 나는 아직까지 환상 속에서 〈복음을 전파하라〉고 하신 말씀에 순종하지 않고 있었습니다. 사실, 그때까지는 나의 체험과 꿈과 환상에 관하여 누구에게도 말한 적이 없었습니다. 그러나 변화가 일어났습니다.

「이야기 좀 할 수 있을까?」 내가 물었을 때 기대했던 대로 두 사람 다 고개를 끄덕였으며, 그래서 나는 마음속에 있는 것을, 말을 더듬으면서도 기를 쓰고 그들에게 털어놓았습니다. 그들은 끈기 있게 세 시간 동안이나 들어 주었습니다.

마침내 스탠이 나의 말을 가로막으며 〈베니, 오늘 저녁 우리 교회에 와서 그 이야기를 다시 해줄 수 없겠나?〉 하고 간청하였습니다.

스탠과 셜리는 오샤와에 있는 삼위일체 하나님의 성회 소속 교회에 나가고 있었습니다. 그 교회는 〈원형 창고〉라고 불렀으며 신도가 100명 정도 되었습니다. 머리는 길고 평상복 차림이었으며 말더듬이라는 핸디캡을 가지고 있었지만 나는 그들과 같이 갔습니다. 거기서 무슨 일이 일어날지 전혀 알 수 없었습니다. 복음을 전파하라는 말씀을 들어 오긴 했지만, 기껏해야 소책자 같은 것을 돌리리라고 생각했습니다.

예배 시간 처음에는 청중 속에 앉아 있었는데, 나는 앞으로 무슨 일이 어떻게 일어날지 까맣게 몰랐습니다. 나 자신을 바보로 만들 것 같았고 사람들이 나를 비웃을 것만 같았습니다. 나는 그런 수모를 이제 더 이상 당하고 싶지 않았습니다.

원자력 발전소에 근무하는 과학자이기도 한 스탠이 마침내 나를 소개했고 나는 강단 앞으로 나아갔습니다. 거기는 내가 전혀 서본 경험이 없는 곳이었습니다.

스탠이 〈자네의 체험을 나누고 싶네〉라고 말했기에 나는 그렇게 하기로 작정했습니다. 입을 열자마자 이상하게도 무엇인가가 내 혀에 닿는 것 같았고 혀는 감각을 잃은 듯했습니다. 나는 유창하게 말하기 시작했고, 실제 말이 너무 빨랐기 때문에 속도를 늦추려고까지 생각했습니다.

나는 복음을 선포하고 있었습니다! 그것은 불가능한 것같이 보였지만, 나는 분명히, 그리고 순조롭게 말하고 있었습니다. 그리고 중단할 수가 없었습니다.

젊은 층 대부분인 그들에게 내 방에서 만난 성령님에 대하여, 그분께 말씀드리고 질문한 것에 대하여, 그리고 1년 동안 그분으로부터 배운 것에 대하여 간증했습니다.

「여러분, 어떻게 성령님을 만날 수 있습니까?」 나는 웅변조로 물었습니다. 「무릎을 꿇을 때에도, 누워 있을 때에도, 방 안을 돌아다닐 때에도 기도를 해야 합니다. 고작 찬송을 부르는 정도로는 그분을 만날 수 없습니다.」

나는 힘주어 말했습니다. 「아버지 하나님께, 아들 예수님께 그리고 성령님께 나아가는 길은 오직 하나, 기도를 통하는 길밖에는 없습니다.」

그런 이야기를 한 시간 정도 했습니다. 그러고는 말을 맺어야겠다고 생각했습니다. 그러나 여전히 성령님께서는 나에게 놀랄 정도로 깊은 지식을 주고 계셨기 때문에 나는 모세에 대해 그들에게 이야기하고 싶었습니다. 그러자 갑자기 담대해졌습니다.

「모세가 여호와께 고했습니다. 누구든지 그의 지성소에 있기 전까지는 물을 수 없는 것입니다. 기억하십시오. 그가 묻기까지 40일간의 시간이 있었습니다. 하나님께서는 그에게 손길을 내미셨고, 친교가 이루어졌습니다. 그리고 예배, 아름다움, 환희, 전능하신 이의 임재하심이 그를 담대하게 만들었습니다. 그리고 그는 〈원컨대 주의 영광을 내게 보이소서〉라고 말할 수 있었습니다.」

「그는 대가를 지불했던 것입니다. 그는 아마 이렇게 말했을 것입니다. 〈주님, 저는 여기에서 당신과 함께 40일간 있었나이다. 이제 제 육체에는 남은 것이 없나이다. 당신의 영광을 제게 보여 주시옵소서.〉 그러자 여호와께서는 그의 앞을 지나가셨습니다. 그가 그분의 등만을 보았을지라도, 그는 영광을, 하나님의 놀라우심을 보게 되었던 것입니다.」

나는 거기서 그치지 않고 물었습니다. 「여러분, 하나님의 임재하심을 원합니까? 그러면 여러분 자신을 버려야 합니다. 여러분 자신의 시야를 버리십시오. 그러면 하나님의 시야를 얻게 될 것입니다.」

나는 내리막길에 들어섰다고 생각했습니다. 〈이제 기도하고 가야지.〉

방 안에서 성령님께서 오시도록 초대할 때는 항상 비틀거리거나 쓰러지기 때문에 나는 안전한 장소에 서 있거나 무릎을 꿇고 있고는 했습니다. 벽에다 등을 기대고 서 있을 때도 있었습니다. 그러나 이러한 공중 집회에서 그와 같은 일이 일어날 것이라고는 전혀 예상하지 못했습니다.

그래서 나는 손을 높이 들고 말했습니다. 「성령님, 이곳에 오시기를 원합니다. 어서 오시옵소서.」

그 즉시 하나님의 능력이 그 장소를 강타했습니다. 사람들은 울기 시작했고 많은 사람이 마루에 쓰러졌습니다.

「오 하나님, 지금 저는 어떻게 해야 합니까?」 나는 물었습니다.

나는 처음에 집회를 인도하던 사람이 이제 다시 집회를 진행했으면 하고 둘러보았습니다. 그러나 내가 돌아서서 그를 가리키자 그는 뒤로 나가떨어지고 말았습니다. 내가 그를 가까이서 붙잡으려 하자 그는 더 멀리 떨어져 나갔습니다. 어느 누구도 나에게 가까이 올 수가 없었습니다. 그리고 나서야 나는 지난 1년 동안 성령님과의 교제 시간에 누군가가 내 방 안에 있었다면 능력 아래 그 역시 쓰러졌을 것이라는 사실을 알아차리게 되었습니다.

인도자가 몇 차례 내게 가까이 오려 했지만, 그때마다 그는 벽에 부딪히고 말았습니다.

마침내 나는 사람들에게 조용히 이야기했습니다. 많은 사람이 무릎을 꿇고 여전히 울먹이고 있었습니다. 나는 성령님이란 분에 관해서 그들에게 더 이야기했습니다. 그러고는 마지막으로 기도 없이 끝을 맺었습니다.

이사야 10장 27절에서 〈그날에 그의 무거운 짐이 네 어깨에서 떠나고 그의 멍에가 네 목에서 벗어지되 기름진anointing 까닭에 멍에가 부러지리라〉 하였습니다. 바로 그것이 일어났던 그대로입니다. 기름 부으심이 나타날 때 삶에 대한 마귀의 멍에가 파괴되는 것입니다. 나와 나의 말 더듬는 증세가 그랬으며 회중에 있던 사람들에게도 그 역사가 진실로 나타났던 것입니다. 나중에 더 완전히 깨닫게 된 일이지만 종교적 활동, 방언, 신음, 끙끙댐이 하나님의 능력을 나타내기 위한 필요 조건은 아닙니다. 그러한 것은 육으로부터 오는 것이기에 자주 장애물이 되며, 더구나 하나님께서는 진정한 능력을 보여 주시기를 원하십니다. 우리의 가장 큰 간구는 성령님의 은사에 있지 않아야 하며, 하나님의 임재하심과 능력에 있어야 합니다. 은사는 여러분의 삶을 변화시키지 못하지만, 하나님의 임재하심과 능력은 그렇게 할 것입니다. 그리고 그날 저녁 오샤와에서 나는 그것을 처음으로 맛보게 된 것입니다.

내가 여러 해에 걸쳐 수백 번 말했지만, 하나님은 결코 지체하지 않으십니다. 또한 그분은 결코 너무 빠르시지도 않지만 결코 늦으시지도 않습니다. 감각 마비가 올 때 나는 그저 〈아, 드디어〉라고 말합니다. 그다음에는 채움이 있기 때문입니다. 성령님의 기름 부으심이 나타날 때에 나는 치유되었고, 나의 설교에는 능력이 있었습니다.

기적적으로 나의 목회는 시작되었고, 즉시 버섯처럼 자랐습니다. 실질적으로 거의 매일 교회와 모임으로부터 사역하도록 초청을 받았습니다.

1년 전에 성령님의 임재하심을 체험하였고 그 한 해 동안 그분께서 나에게 세심하게, 사랑으로 가르쳐 주셨고, 나에게 사랑을, 용기를, 확신을 주셨다는 점이 아주 중요합니다. 나는 마음과 힘을 다하여 그분에게 순종하였으며, 그때 그분의 기름 부으심이 있었습니다. 여러분에게도 마찬가지입니다. 기름 부으심은 누구에게나 준비되어 있습니다. 기름 부으심이 여러분에게 있고 여러분이 그것을 붙들게 되고, 그 귀한 손길의 깊고 중요한 사실을 체험하게 되어, 주님께서 여러분을 위해 준비한 예배 장소로 여러분이 움직이게 될 때 삶에 새로운 의미가 부여될 것입니다.

강한 경고

나는 그날 밤 오샤와에서 집으로 돌아가던 일을 결코 잊을 수가 없습니다. 나는 기절할 정도로 어리둥절했습니다. 침대에 한 시간 가량 누워 있었는데 나는 그때까지도 저녁때 일어난 사건에 당황해하고 있었으며 감각을 잃을 정도였습니다. 나는 하나님의 진실한 능력을 보았습니다. 나는 단지 무엇인가 빨리 지나가는 것을 흘긋 보았으나, 캐서린 쿨먼이 〈만약 여러분이 능력을 발견한다면 여러분은 천국의 보물을 발견할 것입니다〉라고 한 말의 해답을 얻게 된 것입니다. 그러나 그것은 단지 하나의 암시일 뿐이었으며 나는 더 많은 것을 이해할 필요가 있었습니다. 나는 정말 경험이 부족한 상태였습니다.

「오늘 밤 무엇을 하셨습니까? 주님.」 나는 어둠 속에서 물었습니다.

예기치 않게 빠른 응답을 들었습니다. 「믿음을 지켜라.」 그것뿐이었습니다. 「믿음을 지켜라.」

다음 날 아침 일어나자마자, 나 자신을 준비하기 위해 습관적으로 설교 방송을 들으려고 라디오를 켰습니다. 누가 설교자인지도 모르지만 내가 처음 들은 말은 〈능력이 당신에게 임하면 당신의 행동을 조심하십시오〉였습니다. 그러고는 방송이 끝났습니다. 나는 그것을 설명할 수가 없습니다. 내가 라디오를 켜자마자 한 음성이 들렸습니다. 「능력이 당신에게 임하면 당신의 행동을 조심하십시오.」 그러고는 사라졌습니다. 나는 다이얼을 돌려 댔지만 그 음성을 다시 들을 수는 없었습니다.

물론, 지금은 전날 밤의 〈믿음을 지켜라〉라는 말씀과 다음 날 아침 라디오에서 나온 강한 경고가 같이 왔음을 깨달았습니다. 말씀의 초점은 〈내가 너에게 준 능력을 조심하라. 그것으로 게임하지 말라. 그리고 그것을 잘못 사용하지 말라〉였습니다.

그것은 성령님의 기름 부으심을 사모하고 받는 모든 사람에게 주는 경고입니다. 하나님께서는 여러분을 신뢰하실 수 있어야 합니다.

하나님께서는 그분의 임재하심과 기름 부으심을 우리가 알고 체험하기를 바라십니다. 자신을 비울 때, 우리는 그분의 임재하심을 알게 됩니다. 그리고 나서 성령님의 기름 부으심인 그분의 능력을 체험할 수 있습니다. 그러나 신뢰라는 요소가 또한 매우 중요합니다. 우리는 하나님께서 주시는 풍요로움에 대해 믿음을 지켜 나가야만 합니다.

4

마침내
얻어 낸
해답

내 삶을 되돌아보며 그렇게 다르게 변화된 것을 볼 때, 하나님의 은혜와 긍휼에 놀라지 않을 수 없습니다.

생각해 보십시오. 나는 하나님하고는 거리가 먼 전통과 계율을 강조하는 중동 지방의 전통적 가정에서 태어났습니다. 이스라엘 땅의 그리스인 가정에서 태어나 양육되었으며, 가톨릭 학교에서 수녀들로부터 교육을 받았습니다. 심한 말더듬증 때문에 어린 시절부터 믿기 어려울 정도로, 아니 거의 믿기가 불가능할 정도로 일상 대화에서 불편을 겪어야 했습니다. 16세 때 나의 가족 전체는 토론토로 이주하여 근거지를 옮겨야 했습니다. 나는 아랍어, 가톨릭 학교에서 사용하던 히브리어, 프랑스어 다음으로 네 번째 언어인 영어를 배워야만 했습니다. 수도원 내의 제한된 가톨릭 학교에서 토론토의 한 공립학교로 옮긴 것입니다. 나는 외톨이였으며 조용하고, 부끄럼을 타며, 확신이라곤 하나도 없었습니다.

교훈과 전통

그전에 이미 꿈과 환상을 통하여 주님과의 영광스러운 만남이 있었지만, 주님께서는 내가 19세 때 학교 친구들을 통해서 나를 놀랍게도 구원해 주셨습니다.

거듭나기 이전에 나는 권위를 가진 사람들에게서 위로부터 주어진 모든 지침과 교훈을 지키려고 노력했습니다. 가톨릭식 교육 과정에서 오는 모든 전통을 준수하였으며, 내 삶 속에서 하나님의 대리자로 보였던 모든 사람에게 정직하게 복종하려고 노력했습니다. 나는 착한 학생이었으며 수녀들에게서 배운 대로 행하였습니다(가톨릭 성당을 지날 때 손으로 성호를 긋는다든지, 규칙적으로 기도문을 외우는 등). 나 자신을 크리스천이라고 자신 있게 간주했지만 온전함과 충만함을 느껴 보지는 못했습니다.

나는 구원의 체험 직후, 토론토 시내에 있는 약 3천여 명의 젊은이들이 모이는 교회에 나가기 시작했습니다. 거의 자발적이고, 예측할 수 없는 반응으로 계속되는 그러한 성령 운동 집회에 친숙해지기란 어려웠습니다. 나는 좀 더 자제가 있고, 자유가 있으며, 예측된 질서가 있는 것에 동조하기를 원하고 있었습니다.

거기에는 다른 부류의 사람들이 있었습니다. 그들은 서로 껴안고 자신들의 얼굴에 기쁨을 표시하려고 하였습니다. 물론 당시에 나는 성령 운동에 대해 전혀 아는 것이 없었습니다. 주변에서 일어나는 그러한 일들에 익숙하지 않다는 것을 나는 잘 알고 있었습니다.

부분적으로 성령에 관한 것을 잘못 판단한 나의 실수 때문에 나의 심각한 반응은 성령 세례를 받은 후에 뒤늦게 나타났습니다. 나는 교회 내에서 가장 영적이라고 생각되는 한 사람을 유심히 지켜보고 있었습니다. 그의 손이 거의 자동적으로 높이 들리는 것을 보았는데, 그의 손은 조금 떨리고, 눈은 하늘을 향한 채 입으로 무엇인가를 중얼거리고 있었습니다. 그리고 이상한 언어, 방언으로 기도하고 있을 때면 그는 항상 같은 말을 계속 되풀이했습니다. 내가 곁에서 그의 기도를 들을 때마다 그것은 항상 같았습니다. 한번 시작하면 그는 계속해서 같은 말을 반복했습니다.

하나님에 관한 것들에 대해 백지 상태인 채로 굶주리고 있던 나는, 어느 날 그에게 이야기를 좀 나눌 수 있는지 물었습니다. 그는 아주 친절한 것 같았습니다.

「나는 더 많은 것을 알고 싶습니다. 어떻게 해야 내가 바라는 것을 발견할 수 있을까요?」 내가 물었습니다.

그는 나를 바라보더니 〈성령 세례를 받았나요?〉 하고 반문했습니다.

「그럼요.」 조언을 바라며 나는 대답했습니다.

「그럼 방언 기도를 하겠군요?」 그는 다시 물었습니다.

「그럼요.」 내가 다시 대답했습니다.

그는 나를 쳐다보면서 사무적으로 물었습니다. 「그럼, 무얼 더 원하는 거죠?」

나는 어리벙벙했으며, 잠시 생각한 후 조용히 그 자리를 떠났습니다. 〈무얼 더 원하느냐고? 만일 이것이 전부라면? 그럴 리가 없을 텐데……〉 하고 생각했습니다.

나는 필사적으로 하나님에 관하여 더 많은 것을 알고자 했습니다. 분명히 무언가 더 있을 거라고 나의 영은 믿고 있는 것 같았습니다. 성경의 각 페이지마다 그렇게 말하고 있었지만 나는 어떻게 해야 할지 몰랐습니다. 하나님께서 무엇을 주셨는지, 그것을 어떻게 가져야 할지 몰랐습니다. 어느 누구도 나를 도와줄 수가 없는 것 같았습니다.

1973년 나는 교회를 옮겨 나가기 시작했으며, 그즈음 감리교 목사인 짐 포인터라는 훌륭한 사람을 만났습니다. 우리는 친한 친구가 되었고, 그는 어느 날 나에게 캐서린 쿨먼 여사의 집회를 소개했습니다. 그때의 한 장면을 지난 장에서 말씀드렸습니다. 그렇지 않았다면, 모든 믿는 자들을 위해 준비된 놀라운 하나님의 임재하심과 성령님의 기름 부으심에 관하여 나는 배우지 못했을지도 모릅니다.

우리 중 많은 사람이 가능하리라고 믿는 것보다 더 많은 것을 주님은 우리에게 주시고자 하십니다. 주님께서 나의 혀를 고치시며, 사역을 위해 나에게 능력을 주시기 시작한 그 놀라운 날 이래로 주님께서 나에게 가르쳐 주신 것들을 여러분과 나누고자 합니다. 이 놀라운 가능성들은 또한 여러분을 위한 것인데, 여러분을 격려하시고 앞으로 인도하심으로써, 우리가 살고 있는 이 특별한 시대에 우리 모두 그분의 뜻을 이루어 드릴 수 있을 것이라 믿습니다.

시작된 과정

주님께서 내게 가르쳐 주시고 사역을 위해 나에게 능력을 주신 방법들에 대해 이야기하기 전에, 피츠버그에서 있었던 캐서린 쿨먼 여사의 부흥 집회에서 내가 성령님을 만난 그 영광스러운 장면을 여러분이 다시 한번 상기해 주었으면 합니다.

1973년 12월 21일, 새로운 친구 짐 포인터와 내가 많은 사람과 함께 전세 버스로 심한 눈보라 길을 뚫고 토론토에서 피츠버그에 도착한 후, 그 일은 새벽 5시부터 시작되었습니다. 우리는 겨우 네 시간만 호텔에서 잘 수 있었습니다.

피츠버그 시내에 있는 제일 장로교회에 6시까지 도착하지 못하면 자리를 잡을 수 없을 것이라는 짐의 설득으로, 깜깜한 새벽녘에 우리는 그곳에 도착했습니다. 그곳은 벌써 수백 명이 장사진을 이루고 있었는데, 문이 열리려면 아직도 두 시간이나 더 기다려야 했습니다. 매우 추운 날이었기 때문에 나는 옷을 있는 대로 껴입고, 장갑과 장화와 외투로 무장했습니다.

나는 체구가 작은 점을 이용해 사람들 틈새를 헤집고 들어가 짐을 붙든 채 문 쪽으로 조금씩 다가갔습니다. 믿기가 어려울 정도로 많은 군중이 있었는데, 그중 어떤 여자가 〈매주 이렇답니다〉라고 말했습니다.

거기에 서 있는 동안 마치 누가 어깨를 잡고 막 흔드는 것처럼 갑자기 내 온몸이 떨리기 시작했습니다. 차가운 공기가 엄습해서라고 나는 생각했습니다. 그러나 옷을 두껍게 껴입고 있었으므로 별로 추운 줄은 몰랐습니다. 억제할 수 없는 떨림이 나를 엄습했던 것입니다. 그 떨림은 전혀 경험해 보지 못한 것으로, 결코 멈출 수도 없었습니다. 너무나 당황해서 짐에게 말할 수도 없었는데 뼛속까지 덜덜 떨리는 게 무릎으로도 느껴졌습니다. 「내게 무슨 일이 일어난 거지?」 나는 기이하게 여기며 중얼거렸습니다. 「이것이 하나님의 능력일까?」 나는 이해할 수가 없었습니다.

교회 안으로 돌진

교회 문이 열릴 즈음, 밖에 모였던 군중은 발 디딜 틈도 없을 정도로 안쪽으로 밀려들기 시작했습니다. 떨림은 아직도 멈추시 않고 세속되고 있었습니다.

「베니, 문이 열리면 힘껏 뛰어야 해.」

「왜?」 나는 물었습니다.

「만약 뛰지 않으면, 사람들이 너를 밟고 지나갈 거야.」 짐은 이를 경험한 적이 있어서 잘 알고 있었습니다.

처음에는 교회 안으로 뛰어들 생각 같은 건 없었습니다. 하지만 문이 열리자마자 나는 나이 든 여자나 젊은 남자 할 것 없이 모두 제치고 올림픽 단거리 육상 선수처럼 달려서 첫째 줄에 앉으려 했습니다. 그러나 안내원이 첫째 줄은 예약된 좌석이라며 나를 제지하였습니다. 뒤늦게 안 일이지만, 첫째 줄에는 쿨먼 여사 측에서 선택한 사람만 앉을 수 있었습니다. 그녀는 성령님에 대해 아주 민감해서 자기 바로 앞에는 오직 열렬한 기도의 지원자들만 앉아 있기를 원했습니다.

말더듬이인 내가 안내원한테 아무리 사정해도 소용이 없을 것이라는 생각이 들었습니다. 둘째 줄은 이미 차버려서 짐과 나는 셋째 줄에 끼어들 수밖에 없었습니다.

예배 시작까지는 아직도 한 시간 이상을 기다려야 했으므로 나는 장갑과 외투와 장화 따위를 벗고 조금 편한 자세를 취하려고 했습니다.

아까보다 몸이 더 떨리는 것을 알았지만 어찌할 수가 없었습니다. 마치 어떤 진동하는 기계에 붙어 있는 것처럼 팔과 다리를 통해 떨림이 계속되고 있었습니다. 그런 경험은 처음이라 두렵기까지 했습니다.

오르간이 연주될 때도 신경은 온통 몸의 떨림에 쏠려 있었습니다. 그러나 그것은 몸이 아플 때의 떨림이 아니었습니다. 독감에 걸려 그런 것 같지는 않았습니다. 떨림은 시간이 좀 지나자 나아지는 듯했습니다. 그런데 그것은 전혀 물리적인 신체 현상이 아닌 아주 이상한 느낌이었습니다.

그때 갑자기 쿨먼 여사가 나타났고, 교회 안의 분위기가 싹 바뀌었습니다. 무슨 일이 일어날지 알 수가 없었습니다. 나는 주위의 아무것도 느낄 수 없었습니다. 어떤 목소리도, 천사들의 노랫소리도, 그 어떤 것도 느낄 수 없었습니다. 다만 알 수 있는 것은 내가 세 시간 동안 계속해서 떨었다는 사실뿐이었습니다.

찬송이 울려 퍼지자 전혀 예기치 못한 일이 내게 벌어졌습니다. 나는 어느새 벌떡 일어서서 두 손을 높이 치켜들고 있었습니다. 「주 하나님 지으신 모든 세계」를 찬양할 때는 눈물이 흘러 내 얼굴을 적셨습니다. 주체할 수 없을 정도로 눈물이 쏟아졌는데, 그것은 전에 없던 일로 황홀하고 장엄하며 영광스러운 느낌이었습니다.

나는 보통 때 교회에서 하던 것과는 다르게 몸 전체로 찬양하고 있었습니다. 〈주님의 높고 위대하심을 내 영혼이 찬양하네〉 하는 구절에 이르렀을 때는 내 영혼으로부터 찬양하고 있음을 온몸으로 느낄 수 있었습니다.

찬양을 하는 동안 나는 성령님 안에서 움직이고 있었으며 내 몸의 떨림은 완전히 멈추어 있음을 깨달았습니다.

그러나 예배는 계속 진행되고 있었습니다. 나는 휴거라도 된 듯한 느낌이었습니다. 내 생애에 그렇게 예배드린 적이 없었으며, 그곳에 모인 모든 사람이 다 그렇게 느꼈는지는 모르지만, 마치 영적 진리가 아주 가까이에서 느껴지는 듯했습니다.

나의 젊은 시절의 신앙 경험 중에서 하나님의 임재를 그날처럼 가깝게 몸으로 느껴 본 적은 없었습니다.

파도처럼

나는 거기 선 채로 주님께 예배를 드리고 있었습니다. 순간

뭔가 시원한 느낌이 있어서 눈을 뜨고 주위를 살펴보았습니다. 어디에서 오는지는 모르지만 그것은 아주 천천히 부드럽게, 마치 시원한 미풍처럼 불어왔습니다. 채색된 교회 유리창을 둘러보았습니다. 창문들은 모두 닫혀 있었으며 그런 시원한 바람이 들어오기에 너무 높이 달린 것 같았습니다.

그런데도 그 이상하고 시원한 미풍은 파도처럼 밀려오고 있었습니다. 마치 한쪽 팔 아래로부터 다른 팔 위로 바람이 스쳐 지나가는 것처럼 느껴졌습니다. 「무슨 일일까? 내가 지금 느끼는 것을 누군가에게 이야기한다면 아마 머리가 돌았다고 생각하겠지.」

그러한 바람의 물결은 한 10분 동안 나를 씻어 주고 지나갔으며, 그것은 마치 아주 부드럽고 따뜻한 담요로 내 온몸을 누군가가 감싸는 듯한 느낌이었습니다.

쿨먼 여사가 회중에게 설교하기 시작했습니다. 나는 성령 안에서 환희를 누리고 있었기 때문에 설교가 어떻게 되어 가는지는 관심 밖이었습니다. 주님이 내게 이처럼 가깝게 느껴진 적이 없었기 때문입니다.

나는 주님과 대화를 나누고 싶었습니다. 그래서 속삭였습니다.

「예수님! 저에게 긍휼을 베풀어 주소서.」

「주님! 저에게 긍휼을 베풀어 주소서.」

아주 귀한 순간이었습니다. 이사야 선지자가 주님을 대하고 있을 때와 같다고 생각했습니다.

그때에 내가 말하되 화로다 나여 망하게 되었도다 나는 입술이 부정한 사람이요 나는 입술이 부정한 백성 중에 거주하면서 만군의 여호와이신 왕을 뵈었음이로다 하였더라. (이사야 6장 5절)

누구든 그리스도를 뵈었을 때는 이와 똑같은 일이 일어납니다. 그들은 즉시 자신의 부정함을 보고 깨끗하게 되기를 원합니다. 바로 그런 일이 내게도 일어난 것입니다. 마치 커다란 스포트라이트가 나를 똑바로 비추고 있어 나의 연약함과 잘못과 죄를 밝게 드러내 주는 것 같았습니다.

나는 계속해서 말했습니다.

「예수님! 저에게 긍휼을 베풀어 주소서.」

그때 주님의 목소리가 들렸습니다. 그것은 아주 부드러웠지만 놓칠 수 없는 음성이었습니다. 「너에게 나의 긍휼이 넘칠지어다.」

이전까지 나의 기도 생활은 평범한 그리스도교인의 수준에 지나지 않았습니다. 그러나 그때 그 순간에는 내가 주님께 이야기하고 있을 뿐만 아니라, 주님께서도 나에게 말씀하고 계셨습니다. 오, 얼마나 기쁜 주님과의 교제였던지요!

피츠버그 제일 장로교회의 셋째 줄 한구석에서 일어났던 그때 그 일은 하나님께서 나의 장래를 계획하고 계신 것의 극히 일부분에 지나지 않음을 나는 미처 깨닫지 못하고 있었습니다.

〈너에게 나의 긍휼이 넘칠지어다〉라는 주님의 말씀이 계속 나의 귓전에 울리고 있었습니다. 나는 엎드려서 울고 또 울고 계속 흐느낄 수밖에 없었습니다. 그 체험은 내 삶 속에서 세상의 어느 것과도 비교할 수 없는 느낌이었습니다. 무엇과도 비교할 수 없을 정도로 이미 나는 성령님에 의해 변화되었고 성령으로 충만해 있었습니다. 핵폭탄이 피츠버그에 떨어져 온 세상이 날아간다 해도 나와는 상관없는 일인 듯하였습니다. 순간 내 처지가 성경 한 구절에 나타난 말씀과도 같이 느껴졌습니다. 「그리하면 모든 지각에 뛰어난 하나님의 평강이 그리스도 예수 안에서 너희 마음과 생각을 지키시리라」(빌립보서 4장 7절)

세 시간 동안 쿨먼 여사의 부흥 집회에서 일어난 이적들에 대해서는 짐이 나중에 이야기해 주었지만 나는 희미하게 기억할 뿐이었습니다. 귀머거리였던 사람이 갑자기 듣게 되고, 한 여자는 휠체어에서 일어나 걸었으며, 수많은 환자의 암, 종양, 관절염, 두통 따위가 치유되었습니다. 여사에 대해 몹시 나쁘게 말하던 비평가들조차도 이 집회에서의 신유가 하나님의 능력이었음을 인정하였다고 했습니다.

집회는 길었지만 순조롭게 진행된 것 같았습니다. 내 생애에서 그때처럼 하나님의 능력으로 충만되고 그것을 몸으로 느껴 본 적이 없었습니다.

다음 집회

성령님과의 그 놀라운 만남이 있은 후 얼마 안 되어 나는 캐서린 쿨먼 여사의 다른 집회에 참석했습니다. 그때 쿨먼 여사는 자신의 사역에 기름 부으심의 대가를 자신이 지불했다는 것과 성령님의 능력의 비밀에 관해 설교했습니다. 그녀는 자신의 죽음과 십자가를 지게 됨과 대가를 지불한 것에 대하여 이야기했습니다. 그녀는 가끔 〈만약 대가만 지불한다면, 여러분 목사님 중 누구라도 내가 가진 것을 가질 수 있습니다〉라고 말하곤 했습니다.

그 집회에서 나는 성령님의 임재하심보다 무언가 더 높은 수준의 경험이 있다는 것을 이해하기 시작했습니다. 그것은 바로 기름 부으심으로, 예배에 능력을 주는 것이며, 대가를 지불해야만 오는 것입니다.

대가에 대한 이해

대가란 무엇일까요? 그것을 이해하기까지는 여러 해가 걸렸습니다. 그것을 여러분과 나누고자 합니다.

시편에서 다윗은 말했습니다.

하나님, 주님은 나의 하나님입니다. 내가 주님을 애타게 찾습니다. 물기 없는 땅, 메마르고 황폐한 땅에서 내 영혼이 주님을 찾아 목이 마르고, 이 몸도 주님을 애타게 그리워합니다. 내가 성소에서 주님을 뵙고 주님의 권능과 주님의 영광을 봅니다.(시편 63편 1~2절)

다윗은 하나님의 권능과 영광을 언뜻 보았습니다. 그는 그것을 바라고 있었습니다. 그러면 어떻게 그가 그것을 갖게 되었습니까?

여기 성령님께서 나의 눈을 열어 주시고 쿨먼 여사가 대가와 죽음에 대해 말한 의미를 내가 이해할 수 있도록 만드셨습니다.

다윗은 자기 (영)혼이 갈망하는 동안 자기 육체가 주님을 앙모한다고 말하고 있습니다. 반면 이사야는 26장 9절에서 자기 영혼이 주님을 〈사모합니다〉라고 말하고 있습니다. 자, 그러면 육체는 주님을 앙모하며, 혼은 갈망하며, 영은 사모합니다. 모세 때 제작된 성막에서 주목할 만한 것을 우리는 발견합니다. 성막 뜰은 육을 상징하고 성소는 혼을 상징하며, 지성소는 영을 상징합니다. 앙모하는 자는 성막 뜰로, 갈망하는 자는 성소로, 사모하는 자는 지성소로 인도되고 있습니다.

우리가 하나님을 앙모하면 기도하게 됩니다. 기도는 하나님께서 육체를 다루시며, 육체를 십자가에 못 박는 곳입니다. 그것은 고된 투쟁이 있는 곳으로, 우리가 매일 무릎을 꿇고 기도할 때 생각하는 것이라고는 우리의 죄와 우리의 실패와 우리의 욕망뿐입니다. 매번 되풀이하여 겪지만, 하나님께서는 수백만 킬로미터 밖에 계신 것 같습니다. 어떤 조그만 것이라도 성취되면 우리는 놀라게 됩니다. 잠자고 싶고 쉬고 싶은 것이라도 말이지요.

무릎을 꿇고 기도를 많이 하면 할수록 육은 조금밖에 남지 않게 된다는 것을 우리는 즉시 깨닫지 못합니다. 우리가 무릎을 꿇기 시작하면서 육의 죽음은 시작되는 것입니다.

곧, 하나님께서 육체를 십자가에 못 박으신 후, 여러분도 느낄 수 있지만, 그곳을 도약하여 넘게 되면 여러분의 기도는 사실이 됩니다. 여러분의 마음속으로부터 강물이 흘러나와서 여러분의 말은 의미를 갖기 시작합니다. 하나님의 임재하심은 나타나시고 무언가가 실제로 여러분에게 일어납니다. 여러분은 울먹이기 시작할 수도 있습니다.

그러한 도약은 반 시간이나 한 시간, 아니 그 이상이 걸릴지도 모릅니다. 그것은 여러분이 필요로 하는 한 계속되며, 여러분과 주님의 위치, 또한 주님과의 관계에 달려 있습니다. 하나님은 여러분의 마음속에 있는 우상과 죄를 다루실 것입니다. 여러분 마음속에 어떠한 〈이삭〉(아브라함의 외아들)이 있더라도 빈드시 그를 죽여야 합니다(하나님께서는 아브라함의 결심을 보셨습니다). 여러분이 오랫동안 기도 생활을 하지 않았다면 1~2분 후에 그곳으로 도약하기를 기대할 수 없을 것입니다.

기억하십시오. 이것은 일상적이어야 합니다. 도약은 언제나 단번에 오는 것이 아닙니다. 〈나는 날마다 죽습니다!〉 하고 바울은 고린도전서 15장 31절에서 말하고 있습니다. 우리가 이러한 기도를 하기까지는 매번 고된 노력이 필요한 것입니다. 여러분이 20년 전에 죽었다고 해서 임재하심이나 기름 부으심이 오늘 오는 것은 아닙니다. 그것은 여러분이 오늘 아침에 죽었기 때문에 오늘 오는 것입니다. 하나님께서는 쓰다 남은 것을 사용하시지 않습니다.

뛰어넘게 되면 죄가 사라진다는 것을 여러분은 알 것입니다. 죄가 없어졌다는 것은 곧 여러분이 도약했다는 것을 의미합니다. 여러분은 주님을 찾았고 주님을 발견하게 된 것입니다.

그러면 한편 주님에 대한 갈망이 오게 됩니다. 여러분의 혼은 주님을 갈망하게 될 것입니다. 시편에서 다윗은 노래했습니다.

하나님, 사슴이 시냇물 바닥에서 물을 찾아 헐떡이듯이, 내 영혼이 주님을 찾아 헐떡입니다. 내 영혼이 하나님, 곧 살아계신 하나님을 갈망하니, 내가 언제 하나님께로 나아가 그 얼굴을 뵈올 수 있을까?(시편 42편 1~2절)

그것이 바로 우리에게 나타납니다. 우리의 혼은 살아 계신 하나님께 나아가서 하나님의 임재하심을 갈망하게 됩니다.

다윗의 상상은 완전했습니다. 사슴이 물을 찾는 때는 두 가지입니다. 첫째는 목이 마를 때이며, 둘째는 다른 동물에게 쫓길 때입니다. 물에 접근하게 되면 자기 냄새가 사라진다는 것을 사슴은 알고 있습니다. 그는 안전하게 될 것입니다. 우리 믿는 자에게도 마찬가지입니다. 우리가 하나님의 임재하심을 갈망하는 것은 우리의 혼을 만족시키고 우리의 적들이 우리를 대적할 수 없게 되기 때문입니다. 마귀는 우리를 발견할 수 없게 될 것입니다. 그러기에 다윗은 또한 〈주님의 나의 피난처〉(시편 32편 7절)라고 기록했습니다.

그래서 여러분의 혼이 갈망하는 물을 발견하게 되면 찬양이 여러분 속에서 터져 나옵니다. 여러분이 성소 안에 있다는 것을 여러분도 알게 될 것입니다. 거기에서는 사무적으로 또는 일상적으로 〈주님을 찬양하라〉, 〈감사합니다, 주님〉이라고 말하지 않게 됩니다. 그것은 사실입니다. 여러분의 모든 부분에 대해서 주님께 감사하게 될 것이며 한 시간 전에 주님께 감사드리지 못했던 것까지도 감사하게 될 것입니다. 모든 것이 아름다워질 것입니다.

이제 지성소로

시편 63편 2절에서 다윗이 하나님의 〈권능과 영광〉을 바라보기를 원한다고 말한 것을 기억합니까? 그것은 대가의 세 번째 단계에서 오며, 사모하는 것과 자신을 죽이는 것이 기름 부으심보다 먼저 와야 합니다. 이것은 영의 상징인 지성소에서 찾을 수 있습니다. 이 장소에서 여러분은 아무 말도 하지 않으며 아무것도 하지 않습니다. 기도도 하지 않습니다. 노래도 부르지 않습니다. 여러분은 받기만 합니다.

다윗은 시편에서 말했습니다. 주님께서 일으키시는 저 큰 폭포 소리를 따라 깊음은 깊음을 부르며, 주님께서 일으

키시는 저 파도의 물결은 모두가 한 덩이 되어 이 몸을 휩쓸고 지나갑니다.(시편 42편 7절)

성막 뜰 안에서는 나의 입이 하나님께 말하고 있었습니다. 성소 안에서 나의 혼이 말하고 있었습니다. 지성소 안에서는 나의 영이 말을 합니다. 깊고 더 깊이. 이곳에는 중단 없는 기도가 샘솟듯이 있습니다. 이곳은 하나님의 영광 속에 은혜만을 입는 곳입니다. 여러분은 바라지 않습니다. 목마르지도 않습니다. 여러분은 마시고 있습니다.

〈너희는 잠깐 손을 멈추고, 내가 하나님인 줄 알아라〉 하고 다윗은 시편 46편 10절에서 말했습니다. 여러분은 너무나 가득 차 있기에 말을 할 수가 없습니다. 뭐라고 표현해야 할지 단어가 부적당합니다. 여러분은 완전히 주님의 임재하심 속에 있게 됩니다. 주님께서 여러분을 위하여 무엇을 하시든 여러분은 흥미가 없습니다. 여러분은 주님을 더욱 아는 데에만 관심이 있게 됩니다.

이러한 것을 체험한 자들에게는 기름 부으심이 있었으며 그들은 하나님께서 신뢰할 수 있는 자들입니다. 나중에 설명하겠지만 주님을 사랑하지 않으며 주님에게 제일 으뜸가는 자리를 드리지 않는 자는 하나님께서 신뢰하시지 않으며 기름 부으시지도 않습니다.

여러분이 매일매일 지성소에 들어가게 되면 그것은 더욱 자연스러워지고 빨라지게 될 것임을 여러분에게 확실히 말해

두고 싶습니다. 그곳으로 들어가기까지 30분이 채 걸리지 않을지도 모릅니다. 5분이 걸릴 수도 있겠지요. 나는 〈주님〉 하고 부르는 순간 기름 부으심이 그곳에 있었던 적이 많았습니다. 또한 여러분이 하나님의 임재 속에 더 오래 남아 있게 되면 임재하심은 여러분 위에 더욱 강하게 나타납니다. 아주 강하게 나타날 것입니다.

예를 들어, 여러분이 지성소에 처음으로 들어갔다가 나와서 여러분의 아내에게 〈여보, 당신〉 하고 말하게 될 때 그녀는 여러분이 하나님의 임재하심 속에 있었음을 여러분의 말 속에서 알게 될 것입니다. 1주일 후쯤, 여러분이 주님과 더 많은 시간을 보낸 후에 나와서 말도 하기 전에 여러분의 아내는 영광을 느끼게 될 것입니다. 여러분은 아무 말을 하지 않아도 됩니다.

이러한 경지에 도달한 사도 베드로가 길을 지날 때, 병든 사람들은 그 그림자라도 자기에게 덮이면 병이 나을까 하고 기대했던 것입니다(사도행전 5장 15절).

힘을 입을지어다

이해를 돕기 위해 이사야를 보게 되면 다음과 같습니다.

너 시온아, 깨어라, 깨어라! 힘을 내어라. 거룩한 성 예루살렘아, 아름다운 옷을 입어라. 이제 다시는 할례받지 않은 자와 부정한 자가 너에게로 들어오지 못할 것이다. 예루살렘아, 먼지를 털고 일어나서 보좌에 앉아라. 포로 된 딸 시

온아, 너의 목에서 사슬을 풀어내어라.(이사야 52장 1∼2절)

성경에서 〈깨어라〉라는 말은 기도와 관계가 있습니다. 〈깨어라, 깨어라〉 하고 말하면 〈기도하라, 기도하라〉라는 뜻이 됩니다. 겟세마네 동산에서 고뇌의 기도를 드리실 때, 주님께서는 당신을 기다려야 할 제자들이 잠을 자고 있는 것을 보시고 〈깨어서 기도하여라〉(마태복음 26장 41절)라고 말씀하셨습니다.

그것은 명령입니다. 우리는 기도하여야 합니다. 예레미야 10장 25절에서는 하나님께서 기도하지 않는 자들을 심판하시리라고 세상과 우리에게 알려 줍니다.「주님의 진노는 주님을 알지 못하는 이방 백성에게 쏟으십시오. 주님의 이름을 부르지 않는 사람들에게 쏟으십시오.」우리는 기도하라는 명령을 받고 있습니다.

위의 성경 구절은 우리에게 〈깨어라, 깨어라〉 하며 시작하고 있습니다. 무기력 상태의 우리 자신을 흔들어 깨우고, 대가를 지불하며, 전심으로 주님을 사모하며 깊은 기도 속으로, 깊은 사랑 속으로 들어갈 때 주님을 제일 높은 자리에 모실 수가 있습니다. 그렇게 되면 다음의 여섯 가지가 변화될 것입니다.

첫째, 우리는 영적인 힘, 즉 사탄에 대한 힘, 죄에 대한 힘, 유혹에 대한 힘을 얻게 될 것입니다. 그리고 연약함은 사라질 것입니다.

둘째, 우리는 의(義)의 거룩한 옷을 입게 될 것입니다. 죄는 우리를 괴롭히지 못할 것입니다.

셋째, 할례받지 않은 자와 부정한 자는 우리와 함께하지 않게 될 것입니다. 우리는 사악한 자들과 더 이상 교제를 나누지 않게 될 것입니다.

넷째, 우리는 이곳저곳을 뛰어다니며 우리를 위해 기도해 줄 사람이나 우리를 돌보아 줄 사람을 찾아다니지 아니할 것입니다. 우리의 비참함과 곤경의 티끌을 털어 버리고 일어나서 자유롭게 될 것입니다.

다섯째, 그리고 나서 우리는 편히 앉아 쉬게 될 것입니다. 거기에는 평화, 곧 진정한 평화, 예수님의 평화가 있을 것입니다.

여섯째, 우리는 사탄의 손아귀에서 풀려나게 되고 자꾸만 되돌아오는 죄에서 풀려나게 될 것입니다.

동전의 이면

이사야 52장을 읽게 되면, 우리는 깨어 있지 아니한 자와 기도하지 아니한 자의 결과를 발견하게 됩니다. 이 구절은 우리 모두를 흔들어 깨울 것입니다.

주님께서 이렇게 말씀하신다. 〈너희가 값없이 팔려 갔으니, 돈을 내지 않고 속량될 것이다.〉 주 하느님께서 이렇게 말씀하신다. 〈나의 백성이 일찍이 이집트로 내려가서, 거기에서 머물러 살려고 하였으나, 앗시리아가 까닭없이 그들을 억압하였다.〉 주님께서 말씀하신다. 〈여기 바빌로니아에서도 똑같은 일이 일어났다. 나의 백성이 까닭도 없이 여기로 사로잡혀 왔고, 지배자들은 그들을 조롱한다. 날마다 쉬지 않고 나의 이름을 모독하고 있으니, 지금 내가 무슨 일을 하여야 하겠느냐?〉 주님께서 하신 말씀이다.(이사야 52장 3~5절)

여기서 우리는 기도하지 않음으로써 오는 여섯 가지 무서운 결과를 발견하게 될 것입니다. 첫째, 깨어 있지 않았기에 우리는 값없이 마귀에게 팔릴 것입니다. 둘째, 우리는 이집트로, 세상으로 다시 내려가게 될 것입니다. 셋째, 우리는 압박받게 될 것입니다. 넷째, 우리는 종으로 잡혀가게 될 것입니다. 다섯째, 우리는 속박을 받고 울부짖으며 아우성치게 될 것입니다. 여섯째, 사악한 자들은 하나님을 모독하게 될 것입니다. 크리스천들이 기도하지 않기 때문에 오늘날 세상에서 우리는 그러한 것들을 보고 있는 것입니다.

그리고 그 시점에서 이사야는 다시 깨어 있음으로, 기도함으로 얻어진 좋은 결과를 보여 줍니다. 그는 하나님의 말씀을 인용했습니다.

반드시 나의 백성이 나의 이름을 알게 될 것이다. 그 날이 오면, 반드시 나의 백성은 내가 하나님이라는 것과 내가 그들에게 말한 하나님이었다는 것을 알게 될 것이다.(이사야 52장 6절)

본질적으로 그는 진실된 기도로부터 얻어지는 일곱 번째 축복을 말한 것입니다. 즉, 우리는 하나님을 알게 되고 그분의 권능을 알게 될 것입니다. 마지막으로 대가를 지불한 자는 이사야에 언급된 대로, 주님께 가장 큰 헌신을 하게 될 것입니다.

놀랍고도 반가워라! 희소식을 전하려고 산을 넘어 달려오는 저 발이여! 평화가 왔다고 외치며, 복된 희소식을 전하는구나. 구원이 이르렀다고 선포하면서, 시온을 보고 이르기를 〈너의 하나님께서 통치하신다〉 하는구나.(이사야 52장 7절)

결단의 시간

쿨먼 여사가 말하던 대가가 단순히 〈깨어서, 깨어서〉 기도하라는 것이 요점이었음을 성령님의 가르침을 통해 이해하였을 때 나는 그 대가를 지불하리라 결심했습니다. 나는 마침내 그녀가 〈만약 여러분이 능력을 발견한다면, 여러분은 천국의 보물을 발견할 것입니다〉라고 말한 것에 대한 해답을 얻게 되었습니다.

대가를 지불하는 것과 기도하는 것은 모든 크리스천이 자신들을 위해 반드시 결심해야 할 것입니다. 아무도 그들을 위해 결정을 내려 줄 수가 없습니다. 바울은 고린도전서 9장 27절에서 신랄하게 표현하고 있습니다. 「나는 내 몸을 쳐서 굴복시킵니다. 그것은 내가, 남에게 복음을 전하고 나서 도리어 나 스스로는 버림을 받는, 가련한 신세가 되지 않으려는 것입니다.」

하나님께서는 기도할 수 있는 모든 기회를 우리에게 주시며 그렇게 하도록 부르시고 계십니다. 그러나 우리에게 강요하지는 아니하십니다. 선택은 우리에게 달려 있습니다.

〈피곤해〉 또는 〈기도할 기분이 나지 않아〉라고 말하며 기도하지 않는다면 여러분은 실제로 우상 숭배자입니다. 더 낮은 사물에게 자신을 내맡겼으며, 여러분의 육신을 하나님의 자리에 올려놓았습니다.

여러분은 이것을 정말로 이해할 필요가 있습니다. 하나님은 여러분을 사랑하십니다. 여러분을 도우십니다. 그러나 여러분에게 강요하시지는 않습니다. 주님은 항상 인도하시지만, 마귀는 항상 밀어붙입니다. 육신을 쳐 복종시켜서 〈아니야, 나는 기도할 거야〉라고 말하는 것은 여러분에게 달려 있습니다.

육신에 복종하는 무서운 위험은 창세기 앞부분에 이미 드러나 있습니다. 하나님께서는 영과 혼과 육으로 된 사람을 창조하셨는데 마귀는 하와와 아담을 유혹하여 육과 혼과 영의 존재로 순서를 뒤바꾸어 놓았습니다.

육이 이기면, 창세기 6장 3절에서 주님께서 〈생명을 주는 나의 영이 사람 속에 영원히 머물지는 않을 것이다. 사람은 살과 피를 지닌 육체요, 그들의 날은 120년이다〉 하신 비극적인 말씀을 발견할 수 있습니다.

육신에게 져서 복종하면, 하나님께 대항하는 것입니다. 그것은 여러분을 죽게 만들 것입니다. 하나님께서는 위아래가 바뀐 인간을 사용하시지 않을 것입니다. 그리고 그분은 그와 같은 자에게 확실히 기름 부으시지 않을 것입니다.

하나님을 사모하십시오. 대가를 지불하십시오. 올바르게 여러분의 삶을 사십시오. 그러면 하나님께서는 여러분의 머리에서 발끝까지 흘러넘치도록 기름을 부으실 것입니다.

하나님의 전화번호는 예레미야 33장 3절입니다. 하나님께서는 여러분을 기다리십니다. 「네가 나를 부르면, 내가 너에게 응답하겠고, 네가 모르는 크고 놀라운 비밀을 너에게 알려 주겠다.」

하나님께서 약속하셨습니다. 여러분이 전화하면 첫째, 하나님께서는 대답하실 것입니다. 그분께서 여러분에게 이야기하십니다. 둘째, 여러분에게 새로운 환상을 주시며 여러분은 그분의 영광을 보게 될 것입니다. 셋째, 하나님께서는 당신에 대하여 여러분이 전혀 알지 못하던 새로운 지식을 주실 것입니다.

이는
힘으로 되지
아니하며

처음으로 나는 사역에서 병든 자에게 손을 얹었을 때 놀라운 체험을 하였습니다. 주님께서 마가복음 16장 18절에서 〈아픈 사람들에게 손을 얹으면 나을 것이다〉 하고 제자들에게 말씀하신 것처럼, 나에게도 복음을 전파하는 한 부분으로 병든 자를 위해 기도하라고 말씀하신 것을 알고 있었습니다.

그러한 것에 생소한 나였기에 마귀는 나의 머리에 가끔 쓰레기를 집어넣곤 하였습니다. 사실 나는 두 번째 복음을 전파하기 위해 정류장에서 버스를 기다리며 병든 자에게 손을 얹을 계획을 하고 있을 때, 마귀는 조용히 내 머릿속에서 간교하게 〈아무 일도 일어나지 않을 거야. 아무도 치유되지 않을 거야. 그것은 절대로, 절대로 일어날 수 없어!〉 하고 속삭였습니다.

여러분도 예상하겠지만 나는 기름 부으심이 없을 것이라는 두려움과 끔찍한 느낌이 들었습니다. 그렇다고 계획을 중단할 수도 없었습니다.

집회에서 설교하는 중에도, 그리고 치유받기를 원하는 사람들을 앞으로 나오도록 청하였을 때까지도 걱정은 여전히 나를 떠나지 않았습니다. 그때까지 있었던 나의 기적의 집회에서 통상적으로 일어나는 것과는 달리 처음에는 한 번에 한 사람씩을 위해 기도하였습니다.

기도해 주기를 원하며 기다리는 한 사람이 있었습니다. 나는 매우 걱정을 하며 겁을 먹었습니다. 〈주님, 어디 계십니까? 저는 어떻게 합니까? 주님께서 이렇게 하라고 하시지 않았습니까?〉 하고 생각했습니다.

그리고 나서 내가 그를 향하여 손을 내밀자 즉시 성령님의 기름 부으심이 나타났습니다. 성령님의 능력이 그에게 전해졌으므로 그는 비틀거리며 쓰러졌습니다. 그리고 그는 병에서 치유되었습니다.

복음을 전파하게 하시며 말 더듬는 증세를 즉시 치유하신 나의 첫 체험에서 알게 되었듯이 하나님께서는 결코 이르지도, 결코 늦지도 않으십니다. 사람의 머리 위에 손을 얹기까지, 복음을 전파하기 위해 입을 열기까지 그분은 나타나지 않으십니다. 여러분이 이젠 죽었구나 하고 생각하는 순간, 그분은 나타나십니다.

왜 그럴까요? 그분은 여러분의 믿음을 키우고 계십니다. 그분은 앞에 놓여 있는 더 어려운 과제를 위하여 여러분을 성장시키십니다. 야고보는 〈여러분은 믿음의 시련이 인내를 낳는다는 것을 알고 있습니다.〉고 말하였는데, 이는 곧 지구력과 인내력을 이름이었으며, 여러분에게 〈인내력을 충분히 발휘하여, 조금도 부족함이 없이 완전하고 성숙한 사람이 되십시오〉 하는 것이었습니다(야고보서 1장 3~4절).

초창기에 내가 받았던 스트레스를 여러분은 이해하지 못할 것입니다. 가끔은 그냥 집으로 돌아가고 싶었습니다. 〈오, 하나님 저들이 나를 보고 웃을지도 모릅니다. 집회를 엉망진창으로 만들지도 모르겠습니다〉 하고 나는 생각하곤 했습니다.

그러고 나면 기름 부으심이 나타납니다. 왜냐하면 내가 하나님께서 작정하신 사람이 되기까지는 많은 시험과 성숙함이 필요하기 때문입니다.

여러분에게도 마찬가지일 것입니다. 주님께서 여러분을 어떠한 일에든 쓰시기 위하여 부르시면 성령님의 임재하심과 기름 부으심을 위한 준비로, 시험과 성숙해짐과 온전해짐이 필요하게 될 것입니다. 어제의 기름 부으심이 오늘의 것이 될 수는 없습니다.

고요함 속에 축복이

캐서린 쿨먼의 집회에서는 항상 많은 찬양이 있었습니다. 그녀는 가끔 매우 큰 즐거움과 기쁨으로 찬양을 따라 하곤 했습니다. 그러고는 간혹 청중들에게 〈조용, 이제는 조용히〉라고 말하곤 했습니다. 그녀가 왜 그러는지 몰라 나는 이상하게 생각했습니다.

그리고 한번은, 그녀가 〈여러분, 모두 조용히 해주십시오,

제발〉하고 말했습니다. 그녀가 심각했던 것은 분명했습니다. 그리고 모두가 잠자코 있었으며, 오르간 연주자인 찰리는 아주 부드럽게 연주하고 있었습니다. 찰리 외에는 아무도 그녀를 위해 그렇게 연주할 수 없을 것입니다. 모든 것이, 모든 사람이 조용했습니다.

한 10분 정도 고요하게 흘러갔습니다. 그런데 앞줄에 앉았던 한 사람이 손을 들며 자신의 입과 코로 넘쳐흐르듯이 〈당신을 찬양합니다, 주님. 찬양합니다, 예수님〉하고 들릴락 말락 하게 속삭였습니다. 정말 어느 누구도 들었으리라고는 생각할 수 없었습니다. 더구나 그는 자신도 모르게 그렇게 했을 것입니다.

그러자 즉시 쿨먼 여사는 힘주어 말했습니다.「선생님, 조용히 하라고 했잖아요.」찰리의 연주 소리를 빼고는 다시 완전한 고요로 휩싸였습니다.

몇 분이 지났습니다. 마침내 그녀가 거의 들을 수 없을 정도로 속삭이며 말했습니다.「여러분, 그분께서 오십니다.」그녀는 더 부드럽게 반복했습니다.「여러분이 조용히 할 때 그분께서는 오십니다.」

나는 겁을 먹고 있었습니다. 무슨 일이 일어날지 알 수가 없었습니다. 기다리고…… 기다리고…… 또 기다렸습니다.

그러고 나서 일어났습니다.

기적이 강당 곳곳에서 일어나기 시작했습니다. 그다음은 사람들이 자신이 체험한 기적을 청중 앞에서 확인하는 시간이었습니다.

하나님의 사역을 시작한 지 고작 3개월밖에 되지 않았던 나는 그러한 장면을 결코 본 적이 없었습니다. 기적은 전 강당 곳곳에서 일어났습니다. 그리고 고요할 때 시작되었습니다.

나는 캐나다로 돌아와 〈나도 이렇게 한번 시도해 봐야지〉하고 생각했습니다. 결국 캐서린의 집회로부터 많은 것을 배웠고, 체험하게 되었던 것입니다. 하나님께서 확실히 전 세계적으로 기적을 나타내시기 위하여 그녀를 사용하셨던 것입니다. 그리고 하나님께서는 당시 나에게 은혜롭게, 자비롭게 가르치시고 감화를 주셨습니다.

초기 나의 사역에서는, 거칠지만 놀라운 찬양대가 나를 돕고 있었습니다. 그들의 과반수 이상은 자메이카와 아이티 사람들이었으며 그 외에 여러 인종으로 구성되어 있었습니다. 그들은 열정적이며 아름다웠지만 주님께 예배드릴 때는 넘쳐흐르는 흥분 때문에 소란스러울 때가 많았습니다.

어느 월요일 밤 강당 안은 가득 차 있었습니다. 예배드리기 전에 나는 그들에게 아주 중요한 순간에는 조용히 하도록 당부했습니다. 그래도 그들은 예배 중에 〈주님 감사합니다. 주님을 찬양합니다〉라고 이곳저곳에서 말하고 있었습니다. 그러한 말들은 흥분된, 성령 충만된 크리스천들에게는 보통 나올 수 있는 것이었습니다. 그렇기 때문에 조용하게 하는 데 20분이나 소요되었습니다.

〈자, 이제는 정말 조용히 하십시오. 여러분이 더 이상 움직이면, 여러분을 아래층으로 내려 보내겠습니다〉라고 내가 말하자 그들은 최선을 다하고 있었습니다. 내가 찬양대장을 돌아보았을 때 그의 얼굴은 어떻게 돌아가는지 모르겠다는 표정이었습니다. 그 시점에 나 자신도 내가 무엇을 하고 있는지 모를 정도였습니다. 솔직히 말해서 내가 하고 있는 일이 옳은 것인가 그른 것인가조차 몰랐습니다. 내가 아는 것이라고는, 캐서린은 그렇게 했고 주님께서 반응하셨다는 것뿐이었습니다. 만일 아무것도 일어나지 않는다면 잊어버리고 말아야지 하고 생각하며 다시 한번 〈아주 조용히 하시기 바랍니다〉 하고 말했습니다. 그래서 조용히 하는 데 20분이나 걸렸으며 강당 안 전체가 조용해졌습니다. 정말 조용해졌습니다. 그러나 다음에는 어떻게 해야 할지 나는 몰랐습니다. 그래서 나는 기다렸고 조용히 서 있었습니다. 곧 40분이 지나갔습니다. 무슨 일이 일어날지 전혀 몰랐기 때문에 나는 눈을 감고 기다리고 있었습니다. 그리고 그 긴 시간 후, 나는 두려워서 보고 싶지가 않았습니다.

그런데 퍽! 무슨 일일까? 그리고 또다시 퍽! 그리고 한 번 더. 눈을 뜨지 않고는 배길 수가 없었습니다. 서로 떨어진 곳에 있던 세 사람이 쓰러져 있었습니다. 잠시 보고 있는 동안 두 사람이 더 쓰러졌습니다.

그러고는 오! 무언가가 강당 안에 가득 차 있었습니다. 번개가 내리친 것 같은 강한 전기를 느꼈습니다. 내 전신에 감각을 잃게 하는 것이 흐르고 있음을 느꼈습니다. 그리고 내 눈앞에서 거의 모든 사람이 마루에 비틀거리며 쓰러져 가고 있었습니다. 나 외에는 서 있는 사람이 없는 것 같았습니다.

어리둥절할 수밖에 없었습니다. 찬양대장도 마루에 엎드려 울먹이고 있었으며, 연주자, 안내인 할 것 없이 모두 쓰러져 있었습니다. 나는 설교대를 단단히 붙잡고 있었습니다. 그러고는 하나님의 음성을 들었습니다. 그 순간 나 혼자만이 듣고 있었음을 알았습니다. 「네가 볼 수 있도록 너만 남겨 두었노라.」

나는 중요한 것을 배웠습니다.

그러나 하나님께서는 그것으로 끝마치시지 않았습니다.

며칠 후 피터라는 친구가 나를 찾아왔습니다. 금요일 밤이었는데, 그는 〈내일 아침 나와 함께 갈 곳이 있는데 새벽 5시까지 준비할 수 있겠지?〉 하고 말했습니다.

나는 새벽에 일어나는 것을 좋아하지 않았습니다. 그래서 그에게 물었습니다. 「무엇 때문에?」

「몰라도 돼. 아무튼 5시에 데리러 올게.」

일어나기 힘들었지만 친한 친구와의 약속이라 나는 5시에 그와 만나서 그의 차로 어디론가 떠났습니다. 토론토에서는 숲이 우거진 곳으로 가려면 그리 오래 운전하지 않아도 됩니다. 우리는 곧 그런 곳에 도착했습니다.

차를 세워 두고 우리는 숲속으로 10여 분간 걸어 들어갔습니다. 깊은 숲속으로 말입니다. 나무와 새와 다람쥐밖에 없는 외진 곳으로.

이윽고 피터가 걸음을 멈추더니 〈곧 돌아올게〉 하며 어디론가 가버렸습니다. 나는 그가 화장실에 가는 줄 알고 잠시 기다렸습니다. 기다렸지만 그는 돌아오지 않았습니다. 10분, 20분이 지나갔습니다. 아주 조용했습니다. 내가 그전에 들어 보지 못한 소리가 들리기 시작했습니다. 가슴이 두근거리는 소리까지 들려왔습니다. 그 소리가 귀에 들릴 만큼 사방은 아주 조용했습니다.

〈이제는 돌아올 시간이 지났는데…….〉 나는 그가 화장실에 간 것이 아니고 아주 가버린 것이 아닌가 생각했습니다.

그래서 아주 큰 소리로 부르기 시작했습니다. 「피이……터어……..」

더 깊은 적막이 있은 후에 그가 갑자기 가까운 나무숲 뒤에서 튀어나왔습니다. 나는 초주검이 될 정도로 겁을 먹고 있었습니다.

「그래서 너를 여기 데리고 왔지.」

「나를 겁주려고?」

「아니, 너는 어떻게 해야 조용히 할 수 있는지 방법을 모르기에 내가 가르쳐 주려고 말야. 넌 쉴 새 없이 항상 이야기하고 있어. 그렇지 않으면 이리저리 돌아다니며 소란스럽게 만들고 있지. 그래서 널 가르치려고 숲속으로 데리고 온 거야.」

나는 감동하지 않았습니다. 적어도 그렇지 않다고 말했습니다.

피터가 말했습니다. 「너, 아니? D. L. 무디는 〈만약 내가 믿지 않는 자를 데려다가 5분 동안만 그를 잠잠하게 만들 수 있다면, 그 시간에 그는 영생을 생각할 것이며, 나는 그가 구원받도록 할 수 있을 것입니다. 내가 아무 말 하지 않아도 말입니다)라고 말했어.」

조용함. 나는 그것의 힘을 배웠습니다. 성소는 조용합니다. 하나님 앞에 나아가 조용히 그분에게 예배드리기까지 그것을 배워야만 합니다. 그러면 여러분은 기름 부으심을 발견할 것입니다.

약속드립니다

오랫동안 간증해 왔듯이 캐서린 쿨먼은 내가 가장 가깝게 따르던 복음 사역자였습니다. 알지 못하는 사이에 그녀는 나에게 많은 것을 가르쳐 주었습니다.

그러나 피츠버그에서 그녀를 처음 보았을 때, 지금 내가 생각하는 것만큼 그녀를 높이 평가하지 않았음을 고백하겠습니다. 나는 제일 장로교회 예배 본당의 셋째 줄에서, 그녀가 팔을 넓게 벌리고 강단 위를 날듯이 거의 발끝으로 걸어 다니는 모습, 그리고 목까지 올라오는 깃과 넓은 소매에 레이스가 달린 가벼운 드레스를 입고 강단이 좁다며 이리저리 헤집고 다니는 모습을 바라보았습니다. 그리고 꽉 찬 군중이 「주 하나님 지으신 모든 세계」를 찬양할 때 호리호리하며 다갈색 머리를 한 노숙녀가 무대 중앙으로 뛰어나오며 그 찬송의 마지막 부분을 힘차게 인도하기 시작했습니다. 그것은 그녀의 놀라운 사역의 하나의 보증 상표라고 할 수 있을 것입니다.

마이크에 대고 그녀는 〈여…… 러…… 분…… 저를…… 기다리셨지요?〉라고 첫마디를 길게 늘여 합니다.

유감스럽게도, 나의 낮은 소리의 반응은 무디게도 〈아니오〉였습니다. 그러나 쿨먼 여사의 그러한 버릇은 나뿐만 아니라 많은 사람에게도 걸림돌이 되었습니다. 비웃음에 대하여 성경에는 배워야 할 경고가 나옵니다. 밖으로 나타난 것으로는 이 여성의 진정한 마음속과 영적인 것과 능력을 평가할 수는 없다는 사실을, 아주 가까이 지켜볼 기회가 있었던 얼마 되지 않은 사람 중의 하나인 나는 알게 되었습니다. 나는 많은 것을 배웠으며, 그리고 아직도 그러한 체험으로부터 배우고 있습니다.

내가 지켜본 그녀의 사역에서, 나는 그녀의 말이 막히는 것을 보지 못했습니다. 눈에는 눈물이 글썽거렸으며, 입술은 감지할 수 없을 정도로 떨리며 주님을 향하여 말하고 있었습니다.

「당신께 영광을 약속드립니다. 그리고 이것에 대해 감사를 드립니다.」 가끔은 아주 간단하고 친밀하게 말했습니다. 「오, 예수님, 백만 번이나 감사드립니다!」

사랑하는 여러분에게 다른 방도가 없음을 말씀드립니다. 여러분은 기름 부으심을 사모하고 받아들이고 나서 영광은 오직 하나님께만 돌려야 합니다. 이때 어떠한 잘못이라도 있으면 재앙이 되고 맙니다. 이 시점에서 수년 동안 걸림이 되어 넘어지고 만 타락한 목사들을 떠올려 보기 바랍니다. 흥행이나 화려함은 일면입니다. 자만과 배은망덕은 또 다른 면입니다. 「당신께 영광을 약속드립니다. 그리고 오, 예수님, 백만 번이나 감사드립니다.」

기도에 대한 교훈

1976년 초 쿨먼 여사가 타계한 후 1년이 지난 어느 날, 나는 쿨먼 재단으로부터 피츠버그에서 있을 그녀의 추도 집회를 맡아 달라는 부탁을 받았습니다. 당시까지만 해도 그녀의 사역에서 내가 할 수 있는 일이란 지나가는 찬양과도 같은 사소한 것이었기에, 나는 그러한 중대한 행사에 참여해 달라는 부탁을 받고 어리둥절했습니다. 나는 너무 젊고 전도자로서는 아직 원숙한 단계도 아니었는데 초청된 곳은 대집회였기 때문입니다.

내가 칼턴 하우스의 사무실에 도착하였을 때, 캐서린의 가장 친한 조력자이자 내가 좋아하는 매기 하트너가 거기에 있었습니다. 그녀는 내게 다가와서 아주 놀라운 말을 하였습니다.

「이제, 가서 기도하지 말고, 원하는 곳에 가서, 하나님께서 오늘 밤 당신을 사용하시지 못할 만큼 몸을 피곤하게 만드세요.」 그녀는 조용하고 단호하게 말했습니다. 「아니면 낮잠을 자든지, 무엇이든지 다른 것을 하세요.」

나는 내 귀를 의심하지 않을 수 없었습니다. 〈내가 들었던 말 중에서 가장 영적이지 못한 말이 아닌가〉 하고 생각했습니다. 〈이 여자는 내가 만난 사람 중에서 가장 영적이지 않은 것 같은데.〉 그녀가 좋아하든 싫어하든 가서 기도하기로 작정하였습니다.

찬양 가수인 지미 맥도널드가 와서 나를 카네기 뮤직홀로 데리고 가면서, 저녁 프로그램을 설명해 주었습니다. 그는 찬양대가 몇 곡을 부른 후 자신이 「예수, 예수, 예수, 주의 이름에는 비밀이 있네」를 부를 때 내가 나와야 한다고 일러 주었습니다. 나는 고개를 끄덕였습니다.

그들은 라스베이거스에서 있었던 쿨먼 여사의 능력 있는 예배 광경이 담긴 비디오를 보면서 행사를 진행하였고, 지미는 찬양하기 시작했습니다.

나는 뒷무대에서 관중을 보고 그만 얼어 버렸습니다. 움직일 수가 없었습니다.

지미는 그 노래를 두 번 불렀고, 그리고 세 번 부르고 나서 마침내 〈여러분, 우리가 이 찬양을 할 때 베니 힌이 나오게 될 것입니다〉라고 말하고는 나에 대해 몇 마디 덧붙였습니다. 물론 관중 대부분은 내가 어디에 있는지 모르고 있었습니다.

그는 다시 찬양을 했습니다. 나는 아직도 놀라 얼어붙은 채였습니다. 마침내 나는 무대 앞으로 나갔습니다. 지미는 〈어디에 계셨소?〉 하고 조용히 묻고는 무대를 떠났습니다. 그 말도 나를 안정시키지는 못했습니다.

나는 찬양을 다시 한번 하면서 관중을 인도하려고 노력했으나, 음을 너무 높이 잡아서 엉망이 되어 버렸습니다. 아무도 나와 같이 찬송을 부를 수가 없었습니다. 나는 나 자신과 싸우고 있었습니다. 내 머릿속에는 오직 어서 이곳에서 빠져나가 집으로 돌아갔으면 하는 생각밖에 없었습니다.

한 30분 정도가 흐른 것 같았습니다. 내가 할 수 있는 일이라고는 허공에 손을 내던지며 우는 일뿐이었습니다. 「저는 할 수 없습니다. 주님, 저는 할 수 없습니다.」

그 순간, 마음속 깊은 곳에서 음성이 들려왔습니다. 「네가 할 수 없다니 다행이다. 그럼 내가 하겠다.」

나는 완전히 긴장을 풀었고, 마치 지옥에서 천국으로 가는 것만 같았습니다. 할 수 없다는 의심의 그림자는 일시에 걷혔습니다. 하나님의 능력은 내려와 강당 안의 모든 사람을 어루만지고 계셨습니다. 내가 아니라, 하나님께서 말입니다. 그것은 놀랄 만큼 살아 움직이는 예배였습니다.

늦게 매기가 나를 찾아와서 내게 결코 잊을 수 없는 말을 하였습니다. 「캐서린은 항상 말하기를 〈그것은 여러분의 기도로는 안 되고, 여러분의 능력으로도 안 되며, 오로지 여러분의 항복으로만 이루어집니다〉라고 했지요. 어떻게 항복하는지를 배우세요, 베니.」

나는 오늘 일어났던 일에 다시 어리둥절해하며 겨우 말했습니다. 「매기, 어떻게 해야 할지 아직 잘 모르겠는데요?」

「오늘 첫 경험을 했으니 됐어요.」 그녀는 말했습니다.

호텔 방에 돌아와서 나는 기도했습니다. 「주님, 어떻게 해

야 하는지 제게 가르쳐 주시옵소서.」 오후에 매기가 내게 말한
그 말에 열쇠가 있었음을 나는 알게 되었습니다. 그러나 그녀
가 말한 것을 완전히 이해하는 데는 몇 년이 더 걸렸던 것 같습
니다. 단지 예배를 담당할 목적으로는 기도하지 마십시오. 이
것은 마치 내가 아내에게 필요할 때만 이야기하는 것과 같습
니다. 항상 아내와의 관계를 유지해야 하는 것처럼 주님과도
마찬가지입니다. 여러분은 언제나 기도해야 합니다. 그래야
친교가 유지됩니다. 〈당신이 필요할 때만 기도하겠습니다〉라
고 하지 마십시오. 그러면 여러분은 그분을 무시하게 되는 것
입니다. 하나님께서 말씀하실 것입니다. 「친교가 없으면, 기름
부음도 없노라.」

여러분의 삶은 기도에 달려 있습니다.

신뢰의 중요성

여러분과 나누고 싶은 이 특별한 개인적인 이야기로부터
내 마음속에 신뢰가 두터워진 매기 하트너를 나는 잘 알고 있
습니다. 여러분도 충분히 이해할 줄 압니다.

그 집회 후 어느 날 밤, 매기와 나는 피츠버그의 거리를 드
라이브하고 있었습니다. 거리는 쓸쓸했습니다. 우리가 어느
신호등 앞에 이르렀을 때, 매기는 나를 돌아보며 〈저기 왼쪽에
있는 빌딩이 보이세요? 그곳은 나와 쿨먼 여사가 초창기에 여
러 해 동안 살았던 곳이에요〉라고 말했습니다. 그곳은 좀 낡은
아파트였습니다. 한순간 조용해진 후에 나는 〈매기, 그 당시에

캐서린은 어떠했는지 말해 주실래요?〉 하고 부탁했습니다.

매기가 잠시 생각하는 동안 성령님의 기름 부으심이 그녀에게 있었고 그것은 마치 하나님께서 방금 차에 같이 타신 것과도 같았습니다. 그녀는 말했습니다. 「베니, 지금부터 무언가를 말해 줄 텐데…… 절대로 잊지 마세요.」

매기는 능력 있는 사람이었고, 그녀는 나의 모든 주의를 끌고 있었습니다. 「당신은 당신 나이에 그녀가 가졌던 것보다 더 많은 것을 갖추고 있어요. 캐서린에게서 당신이 본 하나님의 능력이 그녀의 삶 가운데 있었던 것은 마지막 10년밖에는 되지 않아요.」

난 어리둥절했습니다. 「매기, 캐서린은 처음부터 그 기름 부으심을 입었다고 생각했는데요.」

「오, 아니에요.」 그녀는 말했습니다. 「그녀가 죽을 때 가졌던 것에 비하면 초창기에 그녀는 아무런 기름 부으심도 입지 못했어요.」

그러고 나서 희미한 빛 속에서 나를 뚫어지게 쳐다보면서 〈왜 하나님께서 그런 방법으로 그녀에게 기름 부으셨는지 아세요?〉 하고 물었습니다.

나는 고개를 가로저었습니다.

「왜냐하면 하나님께서 그렇게 하심으로써 그녀를 신뢰하실 수 있었기 때문이에요.」

시간이 몇 초 흘렀습니다. 그러자 그녀는 오른손 둘째손가락으로 내 얼굴을 바로 가리키며 조용하게 그러나 강하게 말했습니다.「그리고, 만약 하나님께서 당신을 신뢰할 수 있다면……」마치 하나님께서 나에게 이야기하고 있는 것처럼 느꼈습니다.「만약 하나님께서 당신을 신뢰할 수 있다면……」

그녀의 손가락은 잠시 동안 계속 나를 가리켰고, 차는 적막 속 어두운 거리를 질주해 나갔습니다.

그날 밤 호텔 방에서, 나는 거의 말을 할 수가 없었습니다. 나는 동요하고 있었습니다. 나는 내 생애에서 가장 심각하게 〈주님, 제발 제가 당신께서 신뢰하실 수 있는 기름 부음을 받는 자가 되게 하소서〉하고 말했습니다.

신뢰.

「당신께 영광을 약속드립니다. 그리고, 오! 예수님 백만 번이나 감사드립니다.」

거기에는 다른 방도가 없습니다.

6　　하나님의
　　　별난 전도자

내가 대하는 사람들 가운데 캐서린 쿨먼에 대해 거의 아는 바가 없는 젊은 청년층을 위하여, 내 삶에 큰 충격을 주었고 전 세계적으로 수많은 사람에게 큰 영향을 끼쳤던 이 비범한 전도자에 대하여 간단히 말씀드리고자 합니다. 하나님께서 그녀의 삶 위에 무엇을 하셨는지, 그리고 우리는 기름 부으심을 통해서 우리의 삶 속에서 그분께서 무엇을 하실 수 있는지를 더 배울 수 있을 것입니다.

캐서린은 1907년 5월 9일, 미주리주 콘코디아 인근 마을에서 태어났으며, 키가 크고 빨간 머리를 한, 장난을 좋아하며, 의지가 강하고, 똑똑한 아이로 자라났습니다. 14세 때 어느 조그만 감리교회에서 가졌던 한 침례교 전도자의 부흥 집회에서 예수님을 주님으로 영접했습니다. 여러 방면에서의 체험은 다가올 날들을 예견하고 있었습니다. 가족과 교회와 마을의 여러 사람을 어리둥절하게 할 때도 있었지만, 교회의 맨 앞 의자에 앉아서 흐느끼며, 동요하며, 비틀거리며, 진정으로 회개하면서 성령님에 의하여 나날을 극복하였습니다.

「온 세상은 변하였습니다.」그녀는 회고하며 말한 적이 있습니다.

나 역시 흐느끼며 동요했다는 데 전적으로 공감이 갔습니다.

그녀는 변화된 몇 년 후 언니인 머틀과 형부를 따라 거리에서 전도 활동을 벌이기 시작했습니다. 여러 해 후에 길 잃은 양들에 대한 마음의 무거운 부담감 때문에 그녀도 자신의 전도 여행을 구상했습니다. 피아니스트인 헬렌 걸리퍼드가 동행했으며, 수년 동안 미국 중서부와 서부 지역을 돌면서 전도하다가 그녀는 콜로라도주 덴버에 마침내 정착하였습니다. 창고 건물에서 시작된 집회에는 곧 많은 군중이 모여들기 시작했습니다.

그중 하나가 극심한 불황기인 1933년에 열린 덴버 부흥 천막 집회였습니다. 모든 일이 활발히 진행되었습니다. 그녀는 수백 명을 주님께 인도한 귀중한 복음 전도자였습니다. 많은 크리스천 전도 사역에서 기도를 통한 치유가 일어나고 있었지만, 그녀의 능력 있는 기적의 사역과는 아직 거리가 먼 때였습니다. 그리고 그때 멀지 않은 곳에서 재앙이 기다리고 있었습니다. 다행히도 그것은 캐서린의 연약함을 극복하게 하려는 하나님의 계획이었습니다.

1937년 그녀는 버로스 월트립이라는 키가 크고 멋진 전도자를 천막 집회에 초청하였습니다. 그는 2개월간 그곳에 머물렀습니다. 그는 이미 결혼하여 아내와 자식들을 두고 있었지만, 그들을 구차하게 버려두고 있었습니다. 캐서린은 주위에서 비난의 소리를 들어 가면서도 그와 사랑에 빠지고 말았습니다. 마침내 그는 자기 아내와 이혼하였으며, 캐서린은 자신을 따르던 주위 사람들의 간청과 경고에도 불구하고 그와 결혼하게 되었습니다. 그녀는 월트립을 따라서 아이오와주로 떠났습니다.

덴버 집회는 다른 지도자에 의해 계속되기는 하였지만, 성장하던 그녀의 사역은 무너져 버렸습니다.

아이오와주에서 월트립의 사역 또한 실패했습니다. 그래서 그들은 중서부와 서부 지역을 계속 돌면서 전도 생활을 하였습니다. 가끔은 둘이서 동역하기도 하였지만, 많은 경우 그가 설교하는 동안 그녀는 강단에 조용히 앉아 있었습니다. 하나님의 은혜로 사람들이 구원되고, 그들의 사역이 축복 속에 있기는 하였지만 그들의 삶, 특히 그녀의 삶은 막다른 곳에 도달하였습니다.

캐서린은 자신의 첫사랑이던 주 예수 그리스도로부터 떠났으며, 영적으로 죽어 갔습니다. 작가이자 목사인 제이미 버킹엄에 의하면 여러 해 동안 그녀는 자신이 달라진 사실을 깨닫고 있었습니다. 그녀에 대한 하나님의 부르심은 깊었고 번복될 수 없는 것이었으므로, 6년 후 그녀는 결혼 생활을 더 이상 지탱할 수 없게 되었습니다. 월트립도 그것을 알고 있었지만 실행에 옮긴 이는 캐서린이었습니다.

쿨먼 여사 사후에 나온 버킹엄의 저서 『운명의 딸 *Daughter of*

Destiny』에서 그는 그녀의 삶에서 있었던 중대한 전환의 순간에 대해 그녀의 말을 인용하고 있습니다.

나는 선택해야 했다. 내가 사랑하는 사람을 따를 것이냐 아니면 사랑하는 하나님을 섬길 것이냐? 그이와 함께 살면서는 항상 하나님을 섬길 수 없다는 것을 나는 알고 있다. 삶 자체보다 그이를 더욱 사랑하였기에, 지금 내가 느끼는 고통을 아무도 알지 못할 것이다. 한때 나는 하나님보다 그이를 더 사랑하기도 했다. 마침내 나는 떠나야겠다고 그이에게 말했다. 하나님께서도 처음 부르심으로부터 나를 놓아 주시지 않았던 것이다. 나는 그이와 살면서 동시에 내 양심과도 살아가야만 했으며, 성령님에 의한 설득은 거의 감당할 수 없을 정도였다. 내 자신을 정당화하기에는 나는 이미 지쳐 있었다.

어느 날 오후, 나는 로스앤젤레스 외곽에 있는 아파트를 나와 나무가 우거진 거리를 걷고 있었다. 햇살이 머리 위로 뻗쳐 있는 큰 가지들 사이로 반짝이고 있었다. 길이 끝나는 지점에서 나는 교통 표지판을 보았다. 그것은 〈길 없음Dead End〉 표시였다. 그곳에서 마음의 고통을 느꼈다. 고통은 너무나 커서 말로 표현할 수 없을 정도였다. 여러분이 그곳을 지나가기 쉬울 것이라 생각한다면, 그것은 여러분이 그곳에 있지 않았기 때문이다. 나는 거기에 있었고, 나는 알고 있었다. 그리고 나는 혼자서 가야 했다. 나에게는 놀라우신 성령님의 충만이 없었고 누구에게나 가능한 삼위일체 하나님의 제3위 인격이신 분의 강한 능력도 없었다. 나는 단지 토요일 오후 4시였다는 것만 알고 있었을 뿐이다. 그리고 나의 삶의 장소로 돌아가서 모든 것을 포기할 작정이었다. 그이마저도. 그리고 죽는 것이다. 나는 크게 소리 질렀다. 「오, 예수님! 모든 것을 포기합니다. 모든 것을 당신께 드립니다. 나의 육신을 가져가십시오. 나의 마음을 가져가십시오. 내가 가진 것은 모두 당신의 것이옵니다. 그것을 당신의 놀라우신 손 위에 바칩니다.」

캐서린은 지난 6년간의 생활을 바보짓으로 여기고 있었습니다. 그녀는 하나님의 계율 아래 살지 않으면서 하나님의 축복을 구하고 전도하고 있었습니다. 그녀는 하나님 앞에 죄를 지은 것입니다. 그러나 그 토요일 오후 돌아서면서 그녀는 회개했습니다. 그녀는 영적으로 죽었습니다. 그녀는 땅에 떨어져 묻힌 하나의 씨앗이 되었습니다. 버킹엄의 책에서 〈그녀는 돌아서서 자신이 왔던 길을 돌아보기 시작했다〉고 했습니다. 사랑을 주시는, 용서를 주시는 하나님 외에는 그녀 혼자뿐이었습니다. 그녀는 여러 해가 지난 후에 조용히 울었습니다. 「이 사역을 위해 내가 치러야만 했던 대가를 아무도 모를 것입니다. 오직 예수님밖에는.」

그로부터 몇 년이 지난 후, 나는 매기 하트너와 함께 캐서린의 〈죽음〉에 대해 토의한 적이 있었는데, 그녀는 내게 우리 모두가 배워야 할 깊은 것을 알게 하였습니다. 회개하고 돌아섰을 때 캐서린은 아직도 비탄과 죄의식에 빠져 있었습니다. 주님께서 그녀에게 물었습니다. 「캐서린, 내가 너를 용서하지 않았더냐?」 그녀는 〈예〉 하고 대답했습니다. 그러자 주님께서 말씀하셨습니다. 「나는 모든 것을 잊어버렸다. 그리고 나의 책에서도 이미 지워 버렸다.」

그 순간부터 자신의 마지막 때까지 그녀는 지난 일에 대해 이야기하지 않았고 주님께서 말씀하신 대로 믿고 있었습니다.

성경에 의하면, 하나님께서는 회개한 죄를 접어 두시고 절대로 뒤돌아보지 않으십니다. 동쪽 끝에서 서쪽 끝만큼이나 멀리, 그 죄들은 그분에게 멀어졌습니다. 만약 여러분이 되돌아가서 다시 용서를 구하면 그분은 정말 여러분이 무슨 말을 하고 있는지 모르십니다. 회개. 피로 씻겨짐. 용서. 깨끗해진 기록. 어느 누가 하나님께서 하신 일에 반대하여 캐서린 쿨먼을 정죄하겠습니까? 그러한 일은 절대 있을 수 없습니다.

복음의 문이 열리다

쿨먼 여사가 이혼한 남자와 결혼했다는 이유로 많은 거부와 기복을 거치고 나서 2년 후, 펜실베이니아주 서부 프랭클린에서 마침내 문이 열리기 시작했습니다.

그녀는 복음 장막Gospel Tabernacle에서 오래 기거하게 되었으며, 그동안 라디오 방송을 통한 사역을 시작하게 되어, 미국 전역에서 결실을 거두게 되었습니다. 그 결과 그녀는 피츠버그로 근거지를 옮기게 되었으며, 그곳은 그녀의 놀라운 사역의 본부가 되었습니다.

프랭클린에서 지내는 동안 그녀는 신유의 문제와 씨름하기 시작했습니다. 그녀는 가끔 신유를 위하여 설교하였으며, 사람들은 치유받게 되었습니다. 그러나 그것이 그녀의 사역의 중점은 아니었습니다. 그것은 그리스도를 통하여 사람들이 거듭나도록 인도하기 위하여 계획된 것이었습니다. 「거기에 신유가 있다는 것을 마음속으로 알고 있었습니다.」 그녀는 오랜 시간이 지난 후에 버킹엄에게 이야기하였습니다. 「치유된 사람들로부터 증거를 볼 수 있었습니다. 그것은 사실이었으며, 진짜였습니다. 그런데 무엇이 열쇠였을까요?」

어느 날 그녀는 에리에 있는 천막 집회의 〈신유 부흥사〉에 관한 광고를 보고, 그곳에 가보기로 했습니다. 아마도 열쇠를 발견하리라 생각했겠지요. 그러나 거기에는 아무것도 없었습니다. 적어도 그녀에게는 소란스러웠고, 겉치레뿐이며, 곡예사 같은 부흥사는 그녀의 사역과는 거리가 멀었습니다. 그가 소리 지를 때마다 청중들은 미쳐 가는 듯했으며, 그들은 소리지르고 울부짖으며, 몸부림치고 있었습니다. 그녀는 치유가 되었다는 외침 속에서 거짓 증거를 보았고, 그래서 울 수밖에 없었습니다. 사람들은 믿음이 부족하다고 비난당했으며, 그들은 절망과 포기 속에 남겨질 수밖에 없었습니다.

그러나 캐서린은 가슴이 찢어지는 듯한 아픔 속에서도 하나님의 말씀을 믿었습니다. 그리고 그녀는 그것을 발판으로 삼았습니다.

1947년 4월 27일, 그녀가 성령님에 대한 가르침을 시작하면서 결과는 나타났습니다. 버킹엄의 책에서 발견할 수 있는 그 가르침에는 쿨먼 여사의 나머지 삶 속에서의 사역을 구체적으로 나타낸 진리가 담겨 있기에 나는 그것을 이곳에 다시 옮겨 놓으려 합니다.

나는 마음속에서 삼위일체 하나님의 세 분께서 지구를 창조하시기 전 큰 회의 탁자에 앉아 계신 것을 봅니다. 거룩하신 아버지 하나님께서 친교를 나눌 인간을 창조해야겠다는 말씀을 다른 분들에게 하십니다. 그러나 인간은 죄를 지을 것이고 마침내 친교를 파괴할 것이라 하십니다. 친교를 회복할 수 있는 단 한 가지 길은 누군가가 죄에 대한 대가를 지불하는 것이라고 하 니다. 만약 누군가가 대가를 치르지 아니하면 인간은 계속해서 불행해지고, 병들고, 죽고, 마침내는 지옥으로 떨어질 것이라고 하십니다. 거룩하신 아버지께서 말씀을 마치자, 그분의 아들 예수님께서 말씀하십니다. 「제가 가겠습니다. 인간의 몸을 입어 지상에 내려가서 대가를 치르겠습니다. 인간이 우리와의 완전한 친교를 회복할 수 있도록 십자가 위에서 제가 대신 죽을 용의가 있습니다.」 그러고서 예수님은 성령님을 보시고 말씀하십니다. 「그러나 당신께서 저와 함께 가시지 않으면 저는 갈 수 없습니다. 당신께서 능력을 가지셨으니 말입니다.」 성령님께서 대답하십니다. 「먼저 내려가십시오. 필요한 때가 오면 내가 지상에서 당신과 합류하겠습니다.」 그래서 예수님께서 지구에 내려오셔서 말구유에서 태어나셨으며, 인간으로 자라나셨습니다. 예수님께서는 하나님의 독생자이시면서도 능력이 없었습니다.

요단강에서 예수님께서 세례를 받으시고 물 위로 올라오시는 엄청난 순간이 있었습니다. 위를 바라보니 성령님께서 그분에게 비둘기의 형상으로 내려오고 계셨습니다. 그것은 예수님께서 지상에서 육신으로 계시면서 겪으신 가장 아슬아슬한 순간이었을 것입니다. 그리고 성령님께서 예수님의 귀에 속삭이는 말씀이 거의 온전히 들려옵니다. 「이제 내가 여기 있습니다. 우리는 계획대로 아주 잘되어 갑니다. 이제 정말 중대한 일이 시작되어야겠지요.」 그리고 성령으로 충만하신 예수님께서는 병자를 치유하시고, 눈먼 자를 보게 하시고, 죽은 자까지도 살리시는 능력을 가지게 되셨습니다. 바로 기적들이 나타난 시기였습니다. 3년 동안 그분들은 계속 활동하셨으며, 마지막으로 성경에 기록되기를 예수님께서 〈운명하셨다〉고 하였으며, 성령님께서는 거룩하신 아버지께로 돌아가셨습니다. 예수님께서 무덤에서 3일간 지내신 후, 막강하신 성령님께서 다시 돌아오셨습니다. 예수님께서는 영화된 몸으로 무덤에서 나오셨습니다. 그분께서 잠시 이 땅 위에 더 계시는 동안 더 이상 기적은 행하지 않으셨지만, 제자들에게 큰 약속, 성경에서 가장 큰 약속을 하셨습니다.

그분과 함께 계시는 그 성령님께서, 그분의 능력을 향해 긍정적으로 마음을 열고 있는 자들에게 돌아오실 것이라고 예수님께서는 말씀하셨습니다. 사실 성령님께서는 한 육신에 제한되지 않으시므로 그분을 영접하는 자가 어디에 있건 자유로이 임재하셔서 더 큰일도 할 수 있을 것이라고 말씀하셨습니다. 예수님께서 승천하시기 전에 마지막으로 하신 말씀은 〈오직 성령이 너희에게 임하시면 너희가 권능을 받고〉였습니다. 하나님 아버지께서는 그분에게 선물을 주셨습니다. 이제 그분은 그것을 교회에 넘겨주셨습니다. 모든 교회가 오순절의 기적을 체험하여야 합니다. 모든 교회에서 사도행전에 기록된 치유를 볼 수 있어야 합니다. 그 선물은 우리 모두의 것입니다.

빠른 응답

다음 날 저녁 캐서린이 다시 설교하기 위해 강단에 섰을 때, 한 여인이 그녀 앞에 달려 나와 손을 내밀며, 〈캐서린, 잠깐 말을 해도 될까요?〉 하고 간청했습니다.

이런 식으로 예배가 중단되는 것을 예기치도 않고 원하지도 않았던 쿨먼 여사였지만, 사랑이 담긴 목소리로 수천의 군중 앞에서 〈이리 오세요, 자매님. 무슨 말이든지 할 수 있고말고요〉라고 말했습니다. 그러자 그 여인은 〈지난밤, 당신이 설교하는 동안 나는 치유를 받았습니다〉라고 말했습니다.

캐서린이 일생에서 말문이 막힌 적은 그때뿐이었을 것입니다. 그녀는 그 여인에게 안수하지도, 그 여인을 보지도 못했습니다. 그 여인 홀로 기도하도록 하였을 뿐입니다.

「어젯밤 어디에 계셨습니까?」 그녀는 겨우 말을 이어 갔습니다.

「바로 저기 청중 속에 있었지요.」

「어떻게 치유된 줄 아셨습니까?」 캐서린이 물었습니다.

「나는 종양이 있었습니다. 담당 의사로부터 계속 치료를 받아 왔지요. 당신이 설교하는 동안 내 몸속에서 무언가 일어났습니다. 내가 치유되었다는 것을 나는 확신하고 있었기 때문에, 오늘 아침 의사에게 가서 검진을 했습니다. 종양은 더 이상 없었어요.」

기적적인 기름 부으심이 나타났던 것입니다.

다음 주일에도 또 다른 치유의 역사가 일어났으며, 계속해서 이곳저곳에서 일어났습니다. 1976년 주님께서 그녀를 본향으로 데려가실 때까지 그녀의 사역을 통해서 하나님의 능력은 물결치고 있었습니다.

캐서린처럼 우리 모두가 다른 사람들을 치유하도록 부르심을 받고 능력을 받은 것은 아닙니다. 그러나 우리가 하나님께, 많고 적고에 관계없이, 모든 것을 바칠 각오가 되어 있다면, 그분께서는 우리의 삶 위에 기름을 부으실 것이며, 당신의 막강하신 성령님의 능력을 통해서 당신을 위하여 큰일을 할 수 있도록 우리에게 지시하실 것입니다.

여러분, 대가를 지불할 각오가 되어 있습니까? 기억하십시오. 하나님께 더 드릴 수는 없습니다. 그분을 위하여 무엇을 드리든 그분께서는 기름 부으심을 통해서 여러분이 상상할 수 없는 것으로 돌려주십니다.

기름 부으심이란?

사람들은 성경에도 나와 있지 않은, 많은 가르침과 진리를 발견합니다. 그중 하나가 하나님의 영광입니다. 이 영광이 무엇일까요?

혹자는 영광을 그들이 가졌던 친밀한 체험, 즉 하나님께서 매우 가깝게 계셨다는 경험을 영광이라고 생각합니다. 그러나 그 말 자체를 설명하려고 들면 실수를 범하고 맙니다.

사실 하나님의 영광은 하나님의 성품과 임재하심을 말합니다. 그 영광은 바로 성령님입니다. 여러분이 하나님의 임재하심, 다시 말해서 전능하신 하나님께서 아주 가까이 계셔서 여러분이 손을 댈 수 있고 다가갈 수 있을 정도가 되었을 때, 여러분은 하나님의 영광을 체험한 것입니다. 여러분은 그분 사랑의 따스함을 느끼고 그분의 평안으로 위로를 받습니다. 이것이 기름 부으심입니다. 어떤 점에서는, 물론 기름 부으심이 임재하심을 가져옵니다.

임재하심이라는 엄청난 체험으로 〈스스로 계신 분이시며

우주의 창조자이신 당신께서 당신의 임재하심 속에 저를 있게 하시나이까?〉 하는 놀라움이 여러분 마음속에 생깁니다. 시편 기자 다윗은 이 비슷한 질문을 하였습니다.

주님께서 손수 만드신 저 큰 하늘과 주님께서 친히 달아 놓으신 저 달과 별들을 내가 봅니다. 사람이 무엇이기에 주님께서 이렇게까지 생각하여 주시며, 사람의 아들이 무엇이기에 주님께서 이렇게까지 돌보아 주십니까?(시편 8편 3~4절)

여러분이 하나님의 임재하심과 영광을 체험하게 되면, 여러분은 완전히 두려움에 싸여 있게 될 것입니다. 모든 만물을 창조하신 크신 하나님께서, 여러분이 원하기만 하면, 그분께서 한 줌의 흙에 생기를 부어 만드신 여러분 가까이에 계심과 당신의 임재하심과 사랑하심의 친밀함을 알게 해주시니 얼마나 자상한 분이십니까! 천국의 보좌 앞으로 여러분을 영접하여, 하나님과 개인 면담을 나누고 있다고 여러분은 느끼게 될 것입니다. 그분의 팔로 여러분을 안아 주신 것 같으며 그분의 사랑으로 여러분을 감싸 주신 것 같습니다. 세상의 근심 걱정은 멀리 떠나가 버리게 됩니다.

그러나 거기에 더한 것이 있습니다. 하나님의 임재하심이 나타나면, 하나님의 속성도 따라오게 됩니다. 출애굽기 33장 18절 이하에 있는 모세의 체험을 생각해 보십시오.

〈저에게 주님의 영광을 보여 주십시오〉하고 모세는 말했습니다. 청원을 드린 것에 유의하십시오. 그는 하나님의 영광을 보여 주십사고 간청했습니다. 그는 그것을 체험할 수 있고 알 수 있다고 믿고 있었습니다.

그리고 하나님께서 대답하셨습니다.「내가 나의 모든 영광을 네 앞으로 지나가게 하고, 나의 거룩한 이름을 선포할 것이다. 나는 주다. 은혜를 베풀고 싶은 사람에게 은혜를 베풀고, 불쌍히 여기고 싶은 사람을 불쌍히 여긴다」

선함과 자비와 긍휼은 그에게 확실히 나타났습니다. 임재하심과 함께 본성, 하나님 자신의 속성도 같이 나타납니다.

몇 구절 후에는 무엇이 나타나는지 보십시오.

그때에 주님께서 구름에 싸여 내려오셔서, 그와 함께 거기에 서서, 거룩한 이름 〈주〉를 선포하셨다. 주님께서 모세의 앞으로 지나가시면서 선포하셨다. 〈주, 나 주는 자비롭고 은혜로우며, 노하기를 더디하고, 한결같은 사랑과 진실이 풍성한 하나님이다. 수천 대에 이르기까지, 한결같은 사랑을 베풀며, 악과 허물과 죄를 용서하는 하나님이다. 그러나 나는 죄를 벌하지 않은 채 그냥 넘기지는 아니한다. 아버지가 죄를 지으면, 본인에게 뿐만 아니라 삼, 사대 자손에게까지 벌을 내린다.〉(출애굽기 34장 5~7절)

영광 또는 임재하심이 나타나면 속성도 나타납니다. 은혜,

자비, 용서, 긍휼, 선함이 그것입니다.

삶은 영원함으로 변화됩니다. 간단히 말해서 성령님께서는 갈라디아서 5장 22~23절에 기록된 〈성령의 열매〉를 맺게 하십니다. 그리고 앞으로의 섬김을 위해 받게 되는 기름 부으심이 있기 전에 그 열매는 맺어져야 합니다.

하나님의 능력이 나타나다

그렇습니다. 하나님의 임재하심은 그분의 영광이시며, 그분의 성품이시며, 그분의 속성이십니다. 성령 하나님께서는 사랑하심으로 당신의 임재를 여러분에게 알리시기를 원하십니다. 그리고 지금부터 영원토록 그 임재하심과 더불어 살아가는 것이 가능합니다.

나는 성령님의 임재하심이 예배에서 기름 부으심으로 인도할 수 있고 또 그렇게 될 것이라는 진리를 여러분이 체험하기 바랍니다. 임재하심은 기름 부으심 전에 반드시 있어야 합니다.

그러면, 기름 부으심이란 무엇입니까? 그것은 하나님의 능력입니다.

크게 말해 보십시오. 「기름 부으심은 하나님의 능력이다.」

간단하지요? 그렇습니다. 인간이 만들어 낼 수 있는 힘을 초월한 능력에 대해 우리는 이야기하고 있는 것입니다. 그 능력은 하늘(들)과 땅을, 그리고 인간을 창조하였습니다. 그 능력은 예수님을 죽음에서 일으키셨으며, 하나님 오른편에 계신 예수님을 정한 때에 이 땅에 다시 보내시어 모든 것을 새롭게 만들 것입니다.

여러분은 이와 같은 것을 이해하기 바랍니다. 성령 하나님의 임재하심은 하나님의 능력이신 성령님의 기름 부으심이 있게 하며, 하나님의 능력은 임재하심의 실현이 있게 합니다. 기름 부으심 자체 — 성령님의 기름 부으심 — 는 볼 수 없지만, 능력과 실현과 효과는 눈으로 볼 수가 있습니다. 그렇기 때문에 나는 〈명백한 기름 부으심〉이라 부릅니다. 이것은 물론 요한복음 3장 8절에 있는, 성령은 바람과 같이 불기에 그 효과를 우리가 볼 수 있다고 니고데모에게 하신 주님의 가르침과 일치하고 있습니다.

구원의 메시지를 제외하고, 가장 폭발적인 성경 말씀은 사도행전에 기록된 그리스도께서 직접 말씀하신 것입니다. 그것은 기름 부으심이란 진리의 정수입니다.

그러나 성령이 너희에게 내리시면, 너희는 능력을 받고, 예루살렘과 온 유대와 사마리아에서, 그리고 마침내 땅끝에까지 이르러 내 증인이 될 것이다.(사도행전 1장 8절)

놀라운 일입니다! 성령님(성령님의 임재하심, 성령님의 인격, 성령님의 열매)이 여러분 위에 임하시면 여러분은 기름 부으심, 영적인 선물이라는 권능을 받을 것입니다.

여러분 아시겠습니까? 오늘날 대다수의 교회에 풍성하게

있어야 함에도 불구하고 맺지 못하는 성령의 열매는 하나님의 임재하심과 관련이 있습니다. 또한 안타깝게도 보이지 않는 하나님의 선물과 사역은 하나님의 능력과 관련됩니다.

무엇이 열매입니까? 그것은 인격(이 경우는 하나님이시지만)의 자질이나 개성, 속성입니다. 여러분이 믿는 자라면 그것들은 여러분 속에서 시작됩니다. 하나님께서는 〈내가 오게 되면, 나의 열매가 나와 같이 오게 될 것이요, 내가 떠나면 나의 열매도 나와 같이 떠나게 될 것이라〉라고 말씀하십니다.

능력은 조금 다릅니다. 하나님의 능력은 여러분의 위에 선물로 옵니다. 그리고 여러분과 함께 머뭅니다. 유대인의 현재와 미래의 조건에 대하여 바울은 로마서에 기록했습니다. 「하나님께서 주시는 고마운 선물과 부르심은 철회되지 않습니다.」(로마서 11장 29절) 네, 그렇습니다. 그것은 쉽게 이해할 수 있는 진리는 아닙니다. 그러나 임재하심은 거두어 가실시라노 적어도 은사는 어느 정도까지 남아 있을 수 있습니다. 그러나 그것은 궁극적으로 재앙을 불러옵니다.

나누어지지 않는 하나님

임재하심과 같이 오는 성령의 열매는 점진적으로 오지 않고 즉시 옵니다. 성령의 열매가 여러분의 삶에 나타나면 〈성숙한다〉고 말할 수가 없습니다. 그것들은 여러분의 열매나 속성이 아니라 하나님의 것임을 기억하십시오. 여러분에게 오실 때 그분은 나누어 오시는 것이 아닙니다. 그리고 여러분 안에서 성숙하지도 않습니다. 그분은 충만히 오십니다. 의로운 속성이 여러분의 삶에 반짝이기 시작합니다. 여러분은 그분의 모든 것과 같이 있게 됩니다!

그분의 열매는 여러분이 그분의 대사(大使)가 될 때 빛을 발하게 됩니다. 그것은 세상에 복음을 전하는 대사의 담대함과 큰 소리를 가졌으므로 여러분이 전도하는 각 사람의 삶에 영향을 주고 관여하게 될 것입니다.

잠깐 생각해 보십시오. 정직하게 생각해 봅시다. 여러분의 삶 속에서 이런 경우가 있었습니까? 그렇지 않다면 문제는 기름 부으심이 없었고 능력이 없었다는 것입니다. 중요한 것은 성령님의 임재하심입니다. 여러분은 그분을 하루하루, 순간순간 체험하고 있습니까?

〈이것 보세요, 베니! 열매는 익는 데 시간이 걸리잖아요〉 하고 여러분 중에 말씀하실 분도 계시겠지요.

그렇지 않습니다, 여러분. 여러분은 잘못 알고 있습니다. 사울이라고 불렀던 사도 바울을 보십시오. 그는 하나님의 성령에 의해서 다마스쿠스 도상에서 쓰러졌으며, 새사람이 되었습니다. 전에는 살인자였지만, 성령 하나님을 통해서 성자 하나님의 임재하심을 체험한 직후, 그는 더 이상 살인자가 아니었습니다. 그전에 그는 하나님에 대한 진실된 지식을 가지고 있지 못했습니다. 그러나 갑자기 그는 하나님을 알게 되었고, 하나님과 더불어 살게 되었습니다. 그는 그분을 위하여 죽기로 작정까지 하였습니다. 그를 변화시키는 데 10년이란 세월은 필요치 않은 것입니다.

바울은 능력 아래 하나님의 음성을 들었습니다. 에스겔도 능력 아래 하나님의 음성을 들었습니다. 왜일까요? 주님께서 임재하심으로 그분의 열매가 있었기 때문입니다. 성경을 통해서 볼 때 그와 비슷한 경우가 얼마든지 있습니다.

여러분, 하나님의 음성은 그분께서 임재하실 때 들립니다. 그리고 이것은 기름 부으심 아래 좋은 결과를 가져다주는 능력의 말이 여러분에게 있게 합니다. 다시 말하면, 하나님의 임재하심은 그분의 음성이 있게 하고, 하나님의 은사는 여러분에게 능력의 말이 있게 합니다. 그래서 사도행전 1장 8절에 예수님께서 제자들에게 권능을 받으면 당신의 증인이 될 것이라고 말씀하셨습니다. 능력은 섬김을 위하여 있습니다. 그것은 오싹하게 만드는 그런 것이 아닙니다.

태초로부터의 능력

크리스천들은 성령님을 신약에만 국한해서 생각하는 경향이 있습니다. 그러나 그것은 잘못된 것입니다. 구원의 역사에서 계속 나타난 바와 마찬가지로 성령님의 엄청난 능력은 창조 과정에서도 나타났습니다. 창세기 1장 2절을 보면 땅이 혼돈하고 공허하며 흑암이 깊음 위에 있고 〈하나님의 영은 물 위에 움직이고 계셨다〉고 했습니다. 성령님께서는 삼위일체의 한 분으로서, 하나님께서 처음 땅 위에 실현하신 창조에 동참하셨습니다. 그분은 언제나 여러분의 삶 속에서 첫 실현이 되실 것입니다.

지금 하나님의 능력인 성령님의 기름 부으심을 공부하고 있으므로, 성령님께서는 누구이신가를 항상 기억하기 바랍니다. 가끔 그분은 비둘기 형상으로 나타나시지만 비둘기가 아니십니다. 가끔 그분은 불꽃으로 보이지만 불이 아니십니다. 가끔 그분은 기름이나, 불, 바람으로 보이지만 그런 것들이 아니십니다.

그분은 영적 존재이십니다. 육체적 형태를 가지고 계시지 않더라도, 그분은 여러분이나 나보다 더 실제적이신 분이십니다. 그분은 삼위일체 하나님의 능력이십니다.

역사를 통하여 인간은 예나 지금이나 능력을 추구하여 왔지만, 남자나 여자나 가장 진실되고 위대한 능력을 받아들이기보다는 일반적으로 자기 힘을 쌓아서 과시하려고 노력하여 왔으니 이상한 일이 아닙니까? 바벨탑 시대에도 인간은 그렇게 노력하였습니다. 하나님의 큰 진동하심이 일어나면(히브리서 12장 26절) 인간의 모든 힘은 먼지와 같이 흩어질 것입니다.

이 공포로 넘치는 세상에서 만들어 낸 모든 핵폭탄을 합친 힘, 또 이 지구상의 곳곳을 강타하는 태풍과 홍수의 모든 힘, 또 사탄과 그의 졸개인 귀신들의 모든 힘을 합친다 할지라도 하늘과 땅의 창조자이신 전능하신 하나님의 능력에 비하면 그것들은 약하디 약한 하나의 불꽃놀이에 불과합니다.

이제 사랑하는 분들이여, 우리 주님께서는 그 능력을 바로 여러분에게 옷 입혀 주시길 원하십니다. 일반 사회에서 많이 발견되는 하나님에 대한 인간들의 거역에도 불구하고, 여러분과 같은 수백만의 사람이 하나님의 사실성을 실제로 발견하고자 하는 데 주리고 있습니다. 그렇기 때문에 매월 북미 각 주를 순회하면서 개최하는 우리의 기적의 부흥 집회에 사람들이 입추의 여지 없이 모여드는 것입니다. 1만 5천 명 이상의 열광적인 신자들과 같이 앉아 있게 될 때, 좌석이 모자라 4천 명 이상의 사람들이 실망하여 되돌아가는 것을 보게 됩니다. 성경에 하나님께서 하시겠다고 말씀하신 대로, 그분께서는 우리의 시대를 택하셔서 특별하신 능력으로 움직이시며, 표적과 기사가 따르는 복음을 전파하는 명예를 주셨음을 우리는 알 수 있습니다. 명백하게도 지금은 그분의 역사 안에서 매우 중요한 시대입니다. 그리고 우리 모두에게는 그분의 부르심에 맞추어 그 역할을 완수하기 위해 성령님의 기름 부으심이 필요합니다.

나는 전적으로 낙관하고 있으며, 하나님께서는 직접 약속하신 일을 하실 것입니다.

이 책의 목적은 바로 여러분의 삶 속에 필요한 것을 만날 수 있도록 도움을 주는 것입니다.

8

기름부으심은
반드시
있어야합니다

어떠한 관계가 되든 여러분이 하나님께 사용되기를 원한다면, 기름 부으심은 반드시 있어야 합니다. 그것만으로도 하나님의 임재하심보다 더 중한 책임이 있으며 그것 없이는 여러분은 주님의 일을 할 수 없습니다.

하나님의 임재하심은 여러분의 것일 수도 있습니다. 여러분이 사역을 하지 않는다 할지라도, 그분을 사랑하며, 그분과 함께 걸으며 규칙적으로 친교를 나눌 수 있습니다. 그러나 여러분이 사역의 길로 들어서는 순간 여러분은 마귀, 질병, 지옥의 권세들과 싸우기 위해 능력이 필요하게 됩니다. 어떠한 사역으로 여러분이 부르심을 받았든지 여러분은 그것을 완수하기 위하여 기름 부으심의 능력이 필요합니다. 그것 없이는 하나님께서 여러분에게 시키시고자 하는 일을 여러분은 결코 성취할 수 없을 것입니다.

내가 과장해서 말하는 것이 아닙니다. 여러분이 주님을 섬기도록 부르심을 받았으면, 기름 부으심은 필수적인 것입니다. 그것 없이는 여러분의 사역에 성장도, 축복도, 승리도 없습니다.

이런 표현이 과하게 들릴지는 몰라도, 나는 내 삶 속에서 하나님의 놀라우신 임재하심을 언제나 함께할 수가 있습니다. 그리고 그것을 어느 것과도 바꾸지 않을 것입니다. 또 설교대 뒤에 서서 항상 사역을 해나갈 수 있을 것입니다. 그러나 거기에 능력이 없다면, 나 혼자만 좋아서 떠드는 것이 될 것입니다. 사람들은 절대로 아무것도 보지 못할 것입니다. 사실입니다. 그들 중에는 그분의 임재하심을 느낄 사람도 있겠지만, 우리 모두는 크리스천으로서 그것을 느껴야 합니다. 거기에는 구원도, 치유도, 마귀를 묶는 힘도 없습니다. 능력은 필수적입니다.

주님께서 승천하시기 전에 하신 말씀을 강조했던 것을 기억하십시오. 「오직 성령이 너희에게 임하시면 너희가 권능을 받고⋯⋯ 내 증인이 되리라.」 능력이 임한 후에는 3천 명이 일시에 구원되었습니다. 또 5천 명이, 그리고 온 예루살렘이 흔들렸습니다. 그것이 바로 하나님에 대한 어떠한 형태의 섬김에서라도 여러분이 가져야 할 능력입니다. 임재하심이 있는 섬김에는, 여러분의 삶 속에 있을 수 있는 가장 중요한 요소가 있게 될 것입니다.

나는 설교대 뒤에 설 때마다 항상 〈주님, 저에게 기름을 부어 주시옵소서. 그렇지 않으면 저의 설교는 죽은 것이나 다름없습니다〉라고 말합니다. 그리고 주님께서 나에게 능력을 덧입혀 주시지 않을 것이라든지, 나에게 교회가 없어지게 될 것이라든지 하는 의심은 당치도 않은 것임을 깨닫습니다. 그렇지 않으면 어느 누구의 삶도 변화되지 않으며, 어떠한 (영)혼들도 구원되지 못하며, 어떠한 육체도 치유되지 않을 것입니다.

증가되는 기름 부으심

하나님께서 주시는 기름 부으심이 여러분에게 계속 있게 되면, 그분께서는 여러분을 더욱 신뢰하게 될 것입니다. 1973년 토론토의 나의 방에서 나에게 오셨던 그 임재하심은 아직도 변치 않습니다. 아직도 똑같은 임재하심이 내게 있습니다. 아직도 똑같은 놀라운 친교가 계속되고 있습니다. 여러분이 주님을 더 잘 알게 되고 그분께서 더 많은 것을 여러분에게 가르치시기 때문에 그분께 가까워지게 되지만, 사실 그것은 같은 임재하심입니다.

그와는 다르게 기름 부으심은 증가됩니다. 그분은 여러분에게 조금 주시고, 여러분을 관찰하 니다. 그리고 나서 여러분에게 조금 더 주십니다. 그러나 조금 더 주시기 전에 여러분은 더 많은 싸움을 해야 한다는 것을 배워야 합니다.

예를 들어 나에게 기름 부으심이 증가할 때마다 나는 그분에 관한 것과 그분의 방도에 대해, 즉 왜 이것은 일어났고 왜 저것은 일어나지 않았는지에 대해 새로운 것을 배우는 기간을 거쳐 왔습니다. 나는 끝없는 성장과 흥분 속에 있음을 발견합니다. 내 경우에 1974년부터 1980년까지 캐나다에서의 나의 사역(전도 집회)과 캐서린 쿨먼 재단과의 동역에서 내가 배운 것의 핵심은 기름 부으심은 전적으로 나의 순종에 달려 있다는 것이었습니다. 그것은 절대적인 핵심이었습니다. 기름 부으심과 능력은 순종을 통해서 오게 됩니다. 주님께서 여러분에게 조금 주실 때 여러분은 어떻게 하십니까? 순종하면 다음에 기름 부으심은 증가하고 불순종하면 중단되고 맙니다.

한 좋은 예가 나의 캐나다 전도 집회에서 일어났습니다. 나는 예배 전에 앉아 있었는데 주님께서 내 사역 안에서 무언가 새로운 일을 하시리라는 것을 알았습니다. 바로 전에 알게 되었습니다. 어찌 된 영문인지 물어서는 안 된다는 것도 알게 되었습니다.

〈내게 묻지 말라〉 하신 것이 내가 들은 전부였습니다. 예배를 진행하면서 도움이 필요한 사람들 위에 손을 얹기 시작했습니다. 첫 번째 사람에게는 아무 일도 일어나지 않았습니다. 두 번째 사람이 다가왔지만 또 아무 일도 일어나지 않았습니다. 능력 아래 쓰러지는 역사는 일어나지 않았습니다. 세 번째 사람이 지나간 후에는 나는 신경이 곤두서며 초조해졌습니다.

그런데 내 안에서 무언가 속삭이고 있었습니다. 「〈성령의 능력이 당신을 통과해 갑니다〉라고 말하라.」

〈왜 내가 그렇게 말해야 되지?〉 네 번째 사람에게도 아무것도 일어나지 않았습니다. 다섯 번째 역시 아무것도. 그 제안은 아직도 들리고 있었습니다. 「〈성령의 능력이 당신을 통과해 갑니다〉라고 말하라.」

나는 마침내 정신을 차렸습니다. 「주님, 제게 새로운 것을 가르치십니까?」

「내가 네게 말한 대로 시작하라.」 주님께서 대답하셨습니다.

그다음 사람이 내게 왔습니다. 그리고 나는 말했습니다. 「성령의 능력이 당신을 통과해 갑니다.」 털썩! 그가 넘어졌습니다. 다음 사람도 마찬가지였습니다. 다음 사람도, 그다음 사람도……

「어찌 된 일이지?」 나는 자문해 보았습니다.

결과적으로 기름 부으심은 나의 말에 달려 있었음을 깨닫게 되었습니다. 하나님께서는 내가 말하지 않는 한 움직이시지 않습니다. 왜일까요? 왜냐하면 그분은 우리를 당신의 동역자로 만들고 계시기 때문입니다. 그분께서는 그렇게 미리 작정해 놓으신 것입니다.

그러한 배움은 당시 초창기에 계속되었습니다. 그 당시에는 치유를 받고자 하는 사람들이 자리에 앉아 있을 때는 치유가 일어나지 않았습니다. 그들은 앞으로 나와야 했으며, 나는 치유 이전에 그들에게 손을 얹어야 했습니다. 그러나 어느 날 나는 마음속으로부터 음성을 들었습니다. 「공개적으로 질병을 꾸짖어라.」 나는 앞에서와 비슷한 대화를 주님과 나누었습니다. 그리고 마침내 크게 소리 내어 말했습니다. 「이 안에 있는 모든 질병에게 예수의 이름으로 내가 꾸짖노라.」

주님께서 내 안에서 말씀하셨습니다. 「한 번 더 말하라.」

나는 말씀을 따랐습니다. 「이 안에 있는 모든 질병에게 예수의 이름으로 내가 꾸짖노라.」

「한 번 더.」 주님께서 말씀하셨습니다.

그래서 나는 그것을 한 번 더 말했습니다. 그러자 정말 놀랄 만한 일이 일어났습니다. 즉시 나는 위층에 있는 사람이 치유되고 있음을 알아챘으며, 나는 들은 그대로 말했습니다.

「누군가의 엉덩이와 다리가 치유되고 있습니다.」

한참 동안 아무 반응도 없었지만, 마침내 한 여자가 내려와서 내가 말하는 순간 치유되었다고 이야기했습니다.

그 후부터 내가 두려워하면, 기름 부으심은 더 이상 있지 않고 어느 누구에게도 손길이 닿지 않음을 배우기 시작했습니다. 담대함이 있어야 합니다. 그분께서 내게 주신 무기들, 즉 그분의 말씀과 그분의 이름을 나는 반드시 사용하였습니다. 주님께서 말씀하셨습니다. 「내 이름으로 행하라.」

자, 이것은 중요합니다. 주님의 이름으로 그러한 무기를 사용하고자 노력하는 자들일지라도 그분의 임재하심과 기름 부으심이 없으면 바보짓을 하게 되고 맙니다. 〈그가 채찍에 맞음으로 내가 나음을 입었도다〉 하고 선언하는 자라 할지라도 임재하심이 없으면 시간을 허비하는 것입니다.

다시 한번 말씀드립니다. 내 삶에 임재하심이 오셨을 때, 나는 토론토의 내 방 안에서 성령님과 1년간이나 단둘이 친교를 나누었습니다. 그분은 나를 도와주셨고, 나를 위로하여 주셨고, 나를 가르치셨습니다. 그리고 나서 얼마 후에 그분은 당신의 말씀을 이루시기 위해서 권세와 능력을 내게 주셨습니다. 〈내 이름으로 저희가 귀신을 쫓아내며……〉, 〈내 이름으로 저희가 병든 사람에게 손을 얹은즉 나으리라〉, 〈내 이름으로〉.

나는 말만 하고 무지로 행한 것이 아니라, 지식과 순종으로 그렇게 하였습니다. 나는 그분을 알았고, 또 순종했습니다. 그것이 전부입니다. 여러분이 그분과 밀접한 관계를 맺고 그분의 명령에 따르면 그분의 이름은 여러분의 삶 속에서 능력이 되어 주실 것입니다. 그렇게 하지 않으면 마귀가 여러분을 조종하게 되며 여러분은 사람들로부터 조롱을 당하게 될 것입니다. 그러므로 기필코 여러분도 하나님의 능력을 받아서 하나님을 섬기는 가운데 하나님의 뜻을 나타내야 합니다.

나도 물론, 주님께서 편협하시다고 생각하던 때가 있었습니다. 주님은 그렇지 않습니다. 언제나 내가 잘못된 길을 갔으며 결국 내 코는 납작해졌던 것입니다. 그러나 나는 곧 돌아와서 옳은 길을 발견했고, 그러자 기름 부으심이 내게 다시 있었습니다.

크고 강한 자의 원리

1980년대에 나는 계속해서 배웠습니다. 한번은 라인하르트 본케 목사 일행과 같이 있었습니다. 그는 아프리카에서 믿기 어려운 사역을 펼치고 있던 신유의 복음 전도자였으며, 다른 사람들도 능력 안에서 주님께 봉사하는 이들이었습니다. 나는 그들에게 많은 것을 배웠으며, 지금까지도 그렇습니다.

예를 들면, 어느 날 본케가 소리 지르는 것을 들었습니다.

「너, 눈을 멀게 한 마귀야, 예수 이름으로 내가 명하노니 썩 나오라!」

〈이게 무엇이지?〉 나는 생각했습니다. 나는 눈을 멀게 한 마귀가 있다는 것을 몰랐습니다. 나의 집회에서는 눈먼 사람이 치유된 적은 없었습니다. 그러나 그는 눈먼 자를 이곳저곳에서 치유하고 있었습니다.

「이게 정말, 사실인가?」 나는 의아해하지 않을 수 없었습니다.

그래서 나는 내 집회에서도 그러한 명령을 시도해 보았습니다. 내가 상상했던 것보다 더 많은 눈먼 사람들이 치유받게 되었습니다.

성경을 더 깊이 공부해 나가면서 항상 크고 강한 자를 다루도록 주님께서는 가르치셨습니다. 그분은 조그만 귀신 졸개들을 다루지 않으셨으며, 그러한 졸개 귀신들을 조종하는 어둠의 권세자들, 크고 강한 자들을 다루고 계셨습니다.

나의 신유 부흥 집회에서 주님께서는 가끔 나에게 크고 강한 자를 보여 주십니다. 〈너 질병의 영아!〉, 〈너 죽음의 영아!〉하고 나는 그에게 꾸짖습니다. 그러고 나면 기적이 일어나기 시작합니다. 내가 그 크고 강한 자에게 〈예수 이름으로, 이 사람들을 놓을지어다〉 하고 명령하면 능력은 믿을 수 없을 정도로 나타납니다. 여러분도 들으신 적이 있을 것입니다. 오오! 능력은 강당 전체를 휩쓸고 지나갑니다. 사람들이 소리를 지르고 놀라 소동이 일어납니다. 순간 그들은 묶음에서 풀리고 치유받게 됩니다.

이런 방법으로 나는 기름 부으심에 대하여 더 많은 것을 배워 왔습니다. 그리고 이러한 것들은 성경에 대한 지식을 더하게 만들어 줍니다. 기름 부으심은 순종에 달려 있습니다. 그렇습니다. 그러나 성경 지식 또한 순종의 열쇠가 됩니다. 여러분이 하나님에 대해 더 많은 것을 알면, 그분께서는 능력으로 여러분을 더 신뢰할 수 있습니다.

나는 가끔 쿨먼 여사의 질문을 생각합니다. 「여러분은 정말 성령님을 아십니까? 무엇이 그분을 근심시키고, 무엇이 그분을 기쁘시게 하는지 여러분은 아십니까?」 나는 그녀에게 대답할 수 있다고 생각합니다. 「그럼요, 캐서린. 나는 정말 그분을 안다고 생각합니다.」

하지만 나는 아직 그분의 모든 것을 알지 못합니다. 아직도 배우고 있습니다. 그러한 배움이 언젠가는 끝날 것이라고 나는 생각하지 않습니다. 그리고 여러분도 같은 생각일 것이라고 확신합니다.

여러 번 내가 〈이건 이제 내 거야!〉 하고 말할 때가 있었습니다. 그러면 주님께서는 새롭고 신선한 것을 행하십니다. 그분은 항상 놀라움으로 가득 차 있습니다. 그분께서는 잠시 조용한 동안 또 다른 일을 준비하십니다. 그리고 기름 부으심이 있고 나면 주님은 다른 일로 역사하 니다. 물론 말씀과 절대 어긋나지 않게 말입니다.

리스본에서의 웃음

포르투갈 리스본에서 있었던 일입니다. 나는 집회 중에 주님께로부터 아직도 나를 놀라게 하는 어떤 것을 배웠습니다. 40세에서 45세 정도의 스카프를 두른, 조용하며 별로 감정을 표현하지 않는 시골 여인이 있었습니다. 내가 그녀를 위하여 기도하고 안수를 하는 순간, 그녀는 성령님의 능력 아래 쓰러졌으며 상상할 수 없을 정도로 크게 웃기 시작했습니다. 그녀는 즉시 얼굴이 빨갛게 상기되었고 빛을 내며 웃었습니다. 비위에 거슬리지 않게 아름답게 웃고 있었습니다.

그리고 그녀는 환희 속에 마루 위를 이리저리 뒹굴기 시작했으며, 완전히 변화되고 있었습니다. 말이 없고 무표정하며 화장도 하지 않은 평범하기 그지없는 이 여인은 내가 지금까지 결코 본 적이 없는 가장 아름다운 웃음을 짓는 사람으로 변화되었습니다. 그리고 이리저리 뒹굴고 있었습니다. 나는 조역자에게 그녀를 그대로 두라고 했습니다. 너무나 감동이 된 나는 그녀를 지켜보며 성령님에 대하여 무언가 새로운 것을 배우고 싶었습니다. 모든 일이 육적이라고 하기에는 너무 아름다웠던 것임을 나는 알고 있었습니다. 나는 그녀를 중지시키고 〈당신에게 무슨 일이 일어났습니까?〉 하고 묻고 싶었지만, 그렇게 할 수가 없었습니다. 그녀가 그만큼 환희 속에 있었기 때문입니다.

마침내 그녀가 웃음을 멈추었습니다. 그녀는 너무나 압도되어 있었기에 말을 할 수가 없었습니다. 결국 그녀는 통역자를 통해 〈어떻게 표현할 수가 없어요〉라고 말했습니다. 포르투갈 말을 할 수 있으면 얼마나 좋을까 하고 나는 안타까워했습니다. 이런 식으로 나는 계속 배워 나갈 수가 있었습니다.

주님께서는 내게 새로운 것을 가르쳐 주셨습니다. 캐서린이 거룩한 웃음에 대해 말한 것을 들은 적이 있지만, 나는 그것을 자세히 모르고 있었습니다. 그 일이 있은 후에 나는 그러한 일을 나의 사역 도중에 자주 보게 되었습니다. 육체적인 추한 웃음이 일어나지 않을 때, 그것은 완전한 환희의 한 예입니다. 주님께서는 당신의 큰 사랑 안에서 자녀들에게 언제나 진실되고 놀라우시기 때문에, 나는 주님께서 내게도 그러한 것을 경험하게 해주시기를 기다립니다.

주님은 대장이십니다

1990년에 들어서서 주님께서는 내게 올랜도 크리스천 센터에서의 정규 목회 사역에 더하여 미국 각 주를 순회하며 매월 기적의 부흥 집회를 시작하라고 말씀하셨고, 나의 사역은 양적으로 크게 성장하게 되었습니다.

대부분 아주 특별한 집회들이었습니다. 대개 집회에서 일어나는 일이지만, 특히 둘째 날 아침 성경 공부 시간에 그것이 일어납니다. 사람들을 조용하게 하고 눈을 감게 하고 손을 높이 들게 하도록 주님으로부터 지시가 옵니다. 주님께서는 내게 말씀하십니다. 「〈지금〉 하고 말하게 하라. 그러면 내가 저들을 만지리라.」 그것이 주님께서 내게 말씀하신 것의 전부입니다.

「여러분 〈지금〉 하고 말하십시오.」

놀라운 일입니다. 그렇게 하면 능력이 내려옴으로써 숨이
꽉 막히고 소리까지 지르게 됩니다. 눈을 뜨고 보면 1만 명이
넘는 청중의 3분의 2가 영락없이 마루 위에 쓰러져 있습니다.
모든 신유의 역사가 일어나고 하나님 자신을 강력하게 알도록
만드십니다.

성령님께서 우리 위에 신선한 것을 부어 주시는 다른 방법
도 있습니다. 예를 들면, 하나님께서는 무신론자도 치유하고
계심을 나는 보기 시작했습니다. 그분은 개신교도이건, 가톨
릭교도이건, 오순절 계통이건, 비오순절 계통이건, 성령주의
자이건, 비성령주의자이건, 내 생각으로는 거듭나지 않고 주
님과 함께 살지도 않은 모든 사람을 만지고 계십니다.

우리는 하나님을 제한시킬 수 없다는 분명한 사실을 모든
사람과 함께 나는 배우고 있고, 또 기억합니다. 우리는 그분에
게 누구는 기적을 받을 수 있고, 누구는 받을 수 없다고 이야기
할 수 없습니다. 그리고 우리의 사랑도 그분처럼, 모든 것을 포
용할 수 있어야 합니다.

왜 믿지 않는 자도 치유되는지를 나는 유명한 하나님의 종
에게 물은 적이 있습니다. 그는 내게 대답했습니다. 「예수님께
서 누구를 치유하셨던가요?」

〈당신이 옳습니다. 그분은 믿지 않은 자들을 치유하셨습니
다〉라고 나는 대답할 수밖에 없었습니다.

그래서 우리가 우리 자신의 일이 아닌, 하나님의 은혜를 다

루고 있다는 것을 배우고 또 배웠습니다. 호기심으로, 혹은 어쩌면 비웃기 위해 나의 집회에 온 자라 할지라도 주님께서 긍휼을 베풀기를 원하신다면, 나는 단지 이렇게 말할 수밖에 없습니다. 「나는 아직도 배우는 중입니다.」

9

세 가지
기름부으심

성경에서는 성령님에 의한 세 가지 기름 부으심이 있음을 밝히고 있습니다. 그것들에 대한 지식은 크리스천으로서 여러분의 잠재력을 일깨워 주는 데 도움이 될 것입니다.

나병 환자에 대한 기름 부으심

첫째는 나병 환자에 대한 기름 부으심입니다. 레위기 14장을 보면, 나병 환자는 진영 밖에 머무르며, 제사장이 그에게 나아가서 희생의 피를 뿌린 후 진영 안으로 그를 데리고 들어온 다음, 피를 다시 바르고 그 위에 기름을 발라서, 〈주 앞에서 그를 위하여 속죄〉하도록 만들었습니다.

모든 거듭난 자들은 나병 환자들이 구원에 이르는 경로와 같은 기름 부으심의 체험을 가졌습니다. 이 경우 나병은 죄의 한 가지이며, 자연 세계에서는 치유될 수 없지만 하나님에 의해서만 치유가 가능한 병이었습니다. 죄도 마찬가지입니다. 인간은 죄와 죄의 결과를 없앨 수가 없었습니다.

구약 성경의 정결 예식에서는 희생 동물의 피를 바릅니다. 신약 성경에서는 당시나 오늘날이나 죄를 용서하는 것은 오직 예수 그리스도의 피밖에 없습니다. 레위기에서 동물의 희생은 다만 장차 오실 하나님의 어린양의 완전한 희생을 보여 주는 것입니다. 구약의 그것들은 그림자였으며 예수님이 실체였습니다.

요한복음 1장 29절에서 세례 요한은 예수님이 다가오는 것을 보고 외쳤습니다. 「보시오, 세상 죄를 지고 가는 하나님의 어린 양입니다.」 예수님을 알게 된 자들에게 그분은 하나님의 어린양이셨습니다. 예수님은 세상 죄를 속죄할 수 있는 유일한 희생 제물이셨습니다.

레위기의 정결 예식에서는 피를 바르고 난 후 기름을 발랐습니다. 희생의 피를 바르는 것은 예수님의 피를, 기름을 바르는 것은 삶 위에 성령님의 손길과 감화를 상징하였습니다.

예수 그리스도의 피가 그의 이름으로 불린 모든 자를 씻어 내듯이, 나병 환자에 대한 기름 부으심도 모든 자연적, 종교적 울타리를 뛰어넘게 합니다. 예수 그리스도의 은혜를 체험한 사람 누구라도 죄를 자백케 하고 하나님의 용서를 확신시켜 주시는 분은 성령님이십니다.

그래서 여러분은 구원을 받았을 때, 여러분 위에 있었던 기름 부으심을 통해 보혈의 능력을 알게 하는 첫 번째 기름 부으심, 즉 나병 환자에 대한 기름 부으심을 경험하였습니다.

제사장에 대한 기름 부으심

그리스도의 귀중한 보혈로 씻기고 거듭났으며 성령님께 인치심을 받은 믿는 자로서, 여러분은 두 번째 기름 부으심으로 옮겨 가야 합니다. 그것은 제사장에 대한 기름 부으심입니다. 많은 믿는 자들이 자신들의 삶에서 성령님이 활동하시는 수준을 알지 못합니다. 그리고 그들은 기름 부으심을 어떻게 받는지도 모릅니다. 여러분도 그들 중 한 명이라면, 기름 부으심이라는 축복의 징조가 없다면, 이 책을 계속 읽어 감으로써 발견하게 되고 하나님의 한 단계 높은 능력의 기름 부으심 안으로 들어가게 될 것입니다.

나는 이 단계의 중요성을 강조해야만 되겠습니다. 그리스도의 몸된 자라면 누구나 그리스도의 사역을 할 수 있어야 합니다. 그리고 이것은 주님을 향한 사역, 즉 영혼들을 주님께 인도하는 것을 포함하여, 마귀와 질병과의 싸움에서 주님을 섬기는 것은 아니더라도 제사장으로서 주님의 사역을 하기 위한 기름 부으심입니다. 우리 모두가 설교대 뒤에서 성직을 맡을 필요는 없지만, 또한 전도 집회나 신유 집회를 인도할 필요는 없지만 우리는 하나님의 제사장들입니다.

그러므로 우리가 하나님께 대한 사역자들이라면 성령님의 능력을 가져야 합니다. 그리고 그것은 성령님에 의한 세례, 즉 성령님의 제사장에 대한 기름 부으심을 우리가 받아야 한다는 의미입니다. 그것 없이는 우리는 거의 아무것도 성취할 수가 없습니다.

또한 이것도 중요합니다. 제사장에 대한 기름 부으심은 하나님의 왕국 안에 그리스도의 몸된 자들이 하나가 되게 하는 증거가 됩니다. 외로운 늑대처럼 자기 스스로 기름 부은 자들을 나는 너무나 자주 만나게 됩니다. 그들은 자신들의 소명과 사역이 뛰어나서 그리스도의 몸된 자들을 내려다보고 있다고 생각합니다. 그러나 실제로 그들은 하나님을 내려다보고 있는 것입니다.

진짜 제사장에 대한 기름 부으심을 체험할 때에 일치와 조화가 있게 됩니다. 시편 133편을 기억하십시오. 「그 얼마나 아름답고 즐거운가! 형제자매가 어울려서 함께 사는 모습! 머리 위에 부은 보배로운 기름이 수염 곧 아론의 수염을 타고 흘러서 그 옷깃까지 흘러내림 같고, 헤르몬의 이슬이 시온산에 내림과 같구나. 주님께서 그곳에서 복을 약속하셨으니, 그 복은 곧 영생이다.」

개인을 위한 제사장적 기름 부으심이라는 것은 있을 수 없습니다. 그것은 하나로 통일되어 한 몸을 이룬 교회의 기능에서 오는 것입니다.

사도행전에 보면 120문도가 오순절 날 다락방에 모여 있었습니다. 성령님은 불과 능력으로 그들 위에 내려오셨습니다. 성령이 충만된 그들은 방을 박차고 나가서 그곳에 모인 군중에게 주님을 증거했습니다. 그리고 3천 명이 구원되었습니다. 얼마나 귀중한 기름 부으심이었습니까! 하나님께서 분명히 임재하신 것입니다.

나병 환자에 대한 기름 부으심과는 달리 이 제사장에 대한 기름 부으심은 단 한 번의 기름 부으심이 아닙니다. 옛 언약 아래에서 제사장들은 매일 기름 부음을 받았습니다. 새 언약 아래에서는 여러분도 마찬가지입니다. 여러분은 매일 기름 부으심이 필요합니다.

제사장에 대한 기름 부으심은 성령님의 임재하심, 성령님과의 교통과 친교가 있게 합니다. 나병 환자에 대한 기름 부으심은 우리에게 계시의 눈을 뜨게 하고, 독특하고 놀라운 방법으로 우리를 하나님께 안내하며, 예수 그리스도가 우리 자신에게 전적으로 필요하다는 것을 알게 합니다. 그러나 정작 우리는 아직 많은 것을 알지 못하는 상태입니다.

많은 크리스천이 자신의 선택에 의하여, 나병 환자에 대한 기름 부으심의 수준에 머물러 있다는 것은 슬픈 일입니다. 그들은 더 이상 구하지 않습니다. 그들은 간단하게 항복하지 않습니다. 그들의 귀는 무디어서 하나님의 음성을 듣지 못합니다.

그리고 성경은 예수님께서 〈내 양은 내 음성을 듣는다〉라고 말씀하신 것을 분명히 알려 주고 있습니다. 만약, 여러분이 분명 그분의 양이라면 제사장에 대한 기름 부으심을 받아야 하며, 여러분은 그분의 임재하심을 알고 규칙적으로 하나님의 부드러운 음성을 듣게 될 것입니다. 그것은 한 번의 체험으로 끝나는 것이 아니라 계속 새롭게 일어나야 합니다.

하나님께서는 가끔 여러분에게 믿을 수 없을 정도의 깊은 진리들을 깨닫게 해주십니다. 그러나 그렇지 않을 때에는 그분께서 여러분을 얼마나 사랑하고 계시는지를 깨닫게 하십니다. 아마도 그분께서는 어떤 문제에 대해 여러분을 가르치고 지시하고 계실 것입니다. 또한 여러분이 성경을 읽어 가는 동안 특별한 구절이 눈에 띄도록 유도하실 것입니다.

여러분이 거의, 혹은 전혀 음성을 듣지 못한다 할지라도 그분에게는 여러분에게 말씀하실 수 있는 많은 방법이 있습니다. 하나님과의 규칙적인 교제는 하나님께서 얼마나 크게 말씀하시는가가 아니라, 여러분이 얼마만큼 잘 들을 수 있는가에 달려 있습니다. 〈들을 귀가 있는 사람은 들어라〉 하고 예수님께서는 마태복음 11장 15절에서 말씀하셨습니다. 여러분이 주님 앞에 매일 조용한 시간을 갖게 된다면 미세한 음성이라도 듣게 될 것입니다. 여러분이 성경을 읽어 가며 성령님과의 친교를 해나가면 여러분의 가슴속에 주님을 향한 사랑이 계속 타오르고 매일 새로워지는 경험으로 그분의 음성을 듣게 될 것입니다.

나병 환자에 대한 기름 부으심(구원)은 단번의 체험이며 여러분이 의지로 빠져나가지 않는 한 잃지 않을 수 있습니다. 여러분이 그분에게 떠나시도록 강요하지 않는 한, 그분께서는 결코 여러분에게 떠나도록 강요하시지 않습니다. 이로써 여러분은 구원되기보다는 파멸하고 마는 편이 낫겠다는 결단을 필요로 하게 됩니다.

반면에 제사장에 대한 기름 부으심(임재하심)은 잃을 수가 있습니다. 여러분의 마음속에 죄가 들어오면 기름 부으심은 떠납니다. 그렇기 때문에 그것은 매일 새롭게 이루어져야 합니다. 그럼으로써 눈물이 여러분의 뺨에 흘러내릴 정도로 아주 가깝게 여러분은 하나님의 임재하심 속에 있게 될 것입니다.

왕에 대한 기름 부으심

여러분이 앞의 두 가지 기름 부으심을 체험했다고 할지라도 거기에서 멈추지 마십시오. 그것들이 중요하고 놀랍다 할지라도 그보다 더한 것이 가능합니다.

어느 것도 가장 능력 있는 왕에 대한 기름 부으심과는 비교될 수가 없습니다. 이것은 한 인간을 하나님의 높은 권세의 자리로 올려 주며, 그에게 마귀들을 제어할 수 있는 권세를 주며, 한마디로 귀신들을 패주시킬 수 있는 능력을 줍니다. 이것이 야말로 사도 바울이 행한 것과 같이 하나님의 적들을 날려 보낼 수 있는 능력을 여러분에게 줍니다.

왕에 대한 기름 부으심을 받는 것이 가장 어렵습니다. 나병환자에 대한 기름 부으심은 예수님을 영접함으로써 받을 수 있고 제사장에 대한 기름 부으심은 예수님과 친교를 가짐으로써 오는 것이며, 왕에 대한 기름 부으심은 예수님께 순종함으로써 오는 것입니다.

〈주님께서 말씀하시되······〉라고 한 것과 같이 주님의 말씀이 레마rhema로 들릴 때 여러분은 왕에 대한 기름 부으심을 받게 되는 것입니다. 성경에는 기록된 말씀, 즉 로고스logos가 있습니다. 로고스는 천국과 영원한 진리가 담겨 있는 대단히 중요한 것이지만, 그것은 여러분에게 기름 부음을 줄 수 없습니다.

날로 팽창하는 부흥 집회

1990년 주님께서 나에게 미국 전역을 순회하면서 매월 부흥 집회를 개최하라는 — 지금까지 계속되고 있는 — 지시를 하셨을 때, 나의 삶에 가장 명백하게 나타난 것이 바로 이 기름 부으심이었습니다. 나는 빠른 속도로 성장해 오긴 했지만, 당시에는 그저 순종하였을 따름이고, 이 특별한 기름 부으심이 거기에 있었습니다. 강한 기름 부으심은 순종을 통해서 직접 오는 것이라고 나는 알고 있습니다.

나는 이 기름 부으심에 대해 이미 알고 있었으며, 순회 부흥 집회에서 질병과 불행을 가져다주는 마귀들을 내쫓고, 매일 밤 장소에 따라 1만 2천 명에서 1만 5천 명 정도의 군중이 모인 가운데 성령님께서 무엇을 하시고자 하는지 그 특별한 지시를 받을 때 즉시 능력을 부여받았습니다. 휠체어나 목발에서 벗어나 걷는다든지, 상당수의 시각 장애인과 청각 장애인들이 보고 듣는 것을 포함하여 수백 명이 치유된 것을 확인하고 수천 명이 구원받기 시작했습니다.

오클라호마주 털사에서 있었던 부흥 집회에서 오클라호마 시에 사는 한 여인은 신경 손상과 뼈의 변형 등 등뼈 결핍 증후군이라고 알려진 병으로 휠체어에 앉아 있었습니다. 그리고 그녀는 수천 명의 사람들이 지켜보는 가운데 강단에서 치유되었습니다. 그녀의 담당 의사는 신경 손상 때문에 그녀가 다시는 걸을 수 없을 거라고 이야기했다고 합니다. 그리고 얼마 후 다시 의사를 찾았을 때 그녀는 휠체어도 필요 없을 만큼 건강해졌다는 진단을 받았다고 합니다.

또 털사에서는 기름 부으심이 매우 강했습니다. 뉴멕시코주 홉스에서 온 한 여인은 앨버커키에 있는 의사로부터 만성 백혈병이라는 진단을 받았는데 그 부흥 집회에서 고침을 받았고, 나중에는 백혈병이 없어졌다는 의사의 건강 진단서까지 가지고 있었습니다.

부흥 집회를 시작하면서 동시에 주님으로부터 지시를 받아 시작한 나의 일일 TV 프로그램에서 우리는 여기저기 부흥 집회의 단편을 보여 주며, 시청자들을 위해서도 잠시 기도하고 있습니다. 라스베이거스에 사는 한 여인은 임파성 백혈병이 있었는데 TV를 시청하는 동안 치유되었습니다. 그녀의 담당 의사는 병이 치유되었음을 확인하였고 전에 보지 못한 일이라 말하였다고 합니다. 보험 회사에서는 사실을 확인한 후 보험료까지 내려 주었다고 그 여인은 말했습니다.

그러한 것이 계속되는 가운데 오리건주의 포틀랜드 부흥 집회에서는 밀워키에서 온, 전신을 무기력하게 만드는 허약성 환경병(주요 기관을 막고 있는 알레르기성 반응)을 가진 한 여인이 치유되었는데 이 역시 담당 의사에게 확인되었습니다.

사우스캐롤라이나주의 스파르탄버그 부흥 집회에서는 심한 폐공동(肺空洞) 증세에서 치유된 여인이 있었으며 역시 담당 의사가 이를 확인해 주었습니다.

이 모든 것이 주님이 하신 일입니다. 그분은 모든 찬양과 영광과 존귀를 받기에 합당하신 분입니다.

기름 부으심을 받고 예배를 인도하는 나에게도 확실한 변화가 옵니다. 길을 걷거나 아침에 호텔에 있으면서 한나절을 지낼 때 임재하심이 나와 함께한다는 것을 나는 알고 있습니다. 그러나 강단에 올라설 때는 더 강한 기름 부으심이 〈두꺼운 외투〉처럼 입혀집니다.

예배 전에도 사람들을 위해 기도하면 성령의 능력 아래 쓰러지지만, 주님의 종으로서 강단 위에 올라서서 싸움을 할 때 거기에는 보통 때의 몇 백 배나 되는 경외로운 임재하심과 능력이 있습니다. 더 이상 작은 베니 힌이 아닙니다. 거기에는 거룩하신 하나님의 능력만이 펼쳐집니다.

하나님께서 약속하신 대로 복음 전파에 이적과 기사(奇事)를 나타냄으로써, 기적의 집회는 나를 새롭게 변화시켰습니다. 기름 부으심이 성도들에게 흘러들어 감으로써 사람들을 마루에 쓰러뜨리는 능력의 물결이 나의 손에서 뿜어져 나오는 것을 발견하고 나는 그저 놀랄 뿐입니다. 입김을 부는 것으로도 마치 푹신한 깃털 위로 넘어뜨리는 것처럼 사람들을 뒤로 넘어뜨리기도 합니다. 어느 경우에나 신비한 하나님의 능력을 보여 주고 있으며, 내 손에 어떤 마비가 있음을 느끼기도 합니다. 그러한 마비는 능력이 아니라 능력의 결과임을 나는 알고 있습니다. 사람들이 쓰러지는 것은 바로 능력의 증거입니다.

내가 전에 체험하지 못했던 방법으로 하나님의 실제를 사람들에게 이해시킴으로써 성령님의 기름 부으심의 능력을 전보다 더 잘 알게 되는 것은 정말 놀라운 일입니다.

휴스턴의 한 예

휴스턴 부흥 집회에서 주님께서는 더욱 인상적인 방법으로 이러한 신비한 능력의 물결(누군가는 〈내던짐throwing〉이라 부릅니다)을 보여 주시는 것이 적당하다고 보셨습니다. 그것은 입김을 부는 것blowing 과는 다른 종류입니다. 친한 친구이자 동료의 아내인 글로리아 슬로서는 오랫동안 성부, 성자, 성령 하나님을 잘 알고 섬겨 왔습니다. 그녀는 1만 2천여 명의 군중 가운데 제일 앞줄에 앉아 있었습니다. 그녀는 성령의 힘에 의해 쓰러져 본 적은 없으나 그 힘을 확실히 믿고 있었습니다.

앞부분에 앉은 사람들은 강단에서 능력의 물결을 자신들에게 던져 주기를 진정으로 원하였으며, 나는 그렇게 했습니다. 글로리아를 포함하여 열 번째 줄까지의 사람들이 능력 아래 쓰러졌습니다. 그녀는 그 순간 놀랍고도 행복하여 웃고 싶었고 주님을 더욱 깊이 알게 되었다고 나중에 말했습니다.

몇 분 후에 내가 주님을 위하여 살기로 마음 깊이 작정한 사람들은 앞으로 나와 기름 부으심을 받으라고 말하자, 수백 명이 앞으로 몰려나왔습니다. 글로리아는 여덟 번째 정도의 줄에 서 있었습니다. 나는 능력의 물결을 〈내던질〉 계획이었습니다. 그러나 내 속에서 한 음성이 〈입김을 불도록〉 말씀하셨습니다.

「입김을 불라.」 그것이 전부였습니다. 그래서 나는 마이크를 통해서 입김을 불었고 글로리아를 포함한 수백 명의 사람들이 뒤로 넘어졌습니다.

그녀는 나중에 〈말로는 표현할 수 없이 그것은 너무 좋았〉으며 하나님의 임재하심을 확실히 알 수 있게 해주었다고 말했습니다. 그녀는 뒤에 두 가지 흥미 있는 사실을 이야기했습니다.

「사람들이 넘어질 때 도미노 효과처럼 앞에서 뒤로 넘어지고 있다고 나는 생각했습니다. 그러나 그것은 잘못된 생각이었습니다. 사람들은 뒤에서부터 넘어졌고, 나는 밀려 넘어진 것이 아니었습니다. 내가 뒤로 넘어졌을 때 나는 한 여자 위에 넘어졌고, 그리고 그녀는 곧 〈일어나세요, 일어나세요〉 했습니다. 그러나 나는 〈일어설 수가 없어요, 일어설 수가 없어요〉라고 말할 수밖에 없었습니다. 나의 무릎은 너무나 불안정하여 비틀거렸기 때문입니다. 또한, 그리고 나서 싱긋 웃는 것을 참을 수가 없었어요. 호텔로 돌아가는 길에도 나는 계속 싱긋 웃고 있었지요. 얼마나 즐거운 일인가요!」

능력의 물결을 내던지거나 입김을 불 때 내가 무엇을 하려고 하는지 사람들이 물었습니다. 나의 대답은 이것뿐입니다. 「하나님께서 그렇게 하라고 말씀하셨기 때문에 순종할 수밖에는 없습니다.」

휴스턴에서 있었던 다른 일을 한 가지 더 말씀드리지요. 다른 장소에서도 여러 차례 일어난 일이지만, 그날은 특히 강하게 하나님의 역사가 나타났습니다. 우리가 아직 찬양하며 예배를 드리고 있는 동안, 나는 특별한 간구가 있는 한 부부를 강단에 올라오게 했습니다. 그들이 강단에 서 있을 때 나와 스티브 브룩은 〈나는 여호와, 스스로 있는 자〉로 시작되는 「모든 이름 위에 뛰어난 이름」이란 찬송가를 부르고 있었고, 뒤이어 찬양대가 따라 불렀습니다.

그 무렵, 이 단정한 부부는 스티브와 나에게서 2미터 이상 떨어져 있었는데도 성령의 능력으로 그 자리에서 쓰러지고 말았습니다. 아무도 그들을 만지지 않았습니다. 하나님께서 종들인 인간을 사용하시지 않고 직접 역사하신 것입니다. 왜일까요? 이 부부는 놀라우신 구세주의 임재하심을 확신하고 싶었기 때문입니다. 사람들이 하나님의 사랑과 능력을 체험함으로써 어느 곳에서나 이와 같은 증거를 보게 됩니다.

소속 교회에서도 일어나고 있습니다

나의 소속 교회인 올랜도 크리스천 센터에서 나는 예배와 성경 공부에 커다란 중점을 두고 있습니다. 그러나 때때로 전혀 예기치 않게 주님께서 당신의 능력을 멋지게 나타내십니다.

최근 주일 저녁 예배에서 나는 많은 사역자를 위해 기도하고 있었습니다. 이유도 없이 나는 갑자기 돌아서서 한 여인이 모터가 달린 휠체어에 앉아 있는 것을 보았습니다. 내 안에서 한 음성이 들려왔습니다. 「가서 저 여자를 위해 기도하라, 지금!」손뼉을 치는 것과 같이 〈지금!〉 하고 말입니다.

나는 강단을 뛰어 내려갔습니다. 모두가 내가 어디로 가는지 의아해했을 것입니다.

나는 그녀를 꼭 붙들어 안아 주며 기도했습니다.

「주님, 당신의 기름 부으심이 있게 하옵소서.」

그러자 곧 그녀는 휠체어에서 벌떡 일어났습니다. 나는 급히 찬양대를 향하여 소리쳤습니다. 「높이, 찬양하세요. 주님을 찬양합시다!」

그것은 믿기 어려운 순간이었습니다. 찬양대가 준비하려고 우물쭈물하는 동안 나는 다시 한번 소리쳤습니다. 그 여인은 놀라운 기적을 체험하는 순간이었으며, 우리는 주님께 찬양드려야 할 순간이었습니다. 음악이 강도를 더해 가자 그녀는 혼자 서서 강단을 향하여 뛰어가기 시작했습니다. 교회 안은 주님을 환호하는 소리가 울려 퍼지고 있었습니다.

다발 경화증으로 고생하고 있었다는 그녀는 그날 남편과 같이 서서 어린아이처럼 울기만 하였습니다. 그녀는 주님께 이렇게 기도했다고 합니다. 「오늘 저녁 꼭 치유해 주시옵소서. 저희는 집으로 돌아가면 언제 다시 올지 모릅니다. 저분이 내게 와서 나를 위해 기도하게 하여 주시옵소서.」

하나님의 음성은 바로 그때 들려왔습니다. 「가서 저 여자를 위해 기도하라, 지금!」

    놀라운 일입니다. 그분은 어떻게 여러분의 주의를 끄실지 잘 알고 계십니다.

어제
시작된 일이
아닙니다

시편 기자는 기록했습니다. 「주님은 나를 들소처럼 강하게 만드시고 신선한 기름을 부어 새롭게 하셨습니다.」(시편 92편 10절) 전도서 저자도 비슷하게 강조했습니다. 「너는 언제나 옷을 깨끗하게 입고, 머리에는 기름을 발라라.」(전도서 9장 8절) 성령님께서는 삼위일체 하나님의 제3위의 분이시므로 역사 안에서 하나님의 전능하신 행하심과 같이하시지 않은 때가 없습니다. 기름은 성경에서 성령님에 비유되었기에, 물론 이 두 구절 모두 성령님의 기름 부으심을 가리킵니다.

과거에 있었던 몇 사람의 발자취를 살펴본다면, 여러분은 우리 세대에서의 성령님의 기름 부으심을 이해하고 잘 인식할 수 있을 것입니다.

그 예로, 다윗은 세 가지 기름 부으심을 받았습니다. 첫 번째는 사사(士師)이며 선지자인 사무엘이 베들레헴에 있는 이새와 그 아들들을 찾아갔을 때(사무엘상 16장) 일어났습니다. 사무엘이 이새와 그의 아들들을 제사에 초청한 것을 기억하시지요. 사무엘 앞으로 이새의 일곱 아들들이 지나가게 한 후 〈주님께서는 이 아들들 가운데 어느 하나도 뽑지 않으셨소?〉 하고 물었습니다. 이새는 양을 지키고 있는 막내아들을 부르러 보냈습니다. 다윗이 도착했을 때 주님께서 사무엘에게 말씀하셨습니다. 「바로 이 사람이다. 어서 그에게 기름을 부어라!」(사무엘상 16장 12절)

그것이 첫 번째 기름 부으심이었습니다. 두 번째는 여러 해 후에 있었는데, 유다 족속의 왕으로서 다윗은 헤브론에서 기름 부으심을 받았습니다(사무엘하 2장 4절). 7년 반 후, 그는 또 이스라엘의 왕으로서 기름 부으심을 받았습니다(사무엘하 5장 3절).

다윗의 첫 번째 기름 부으심은 하나님에 의해 지시되었지만, 사울 왕의 신하라는 신분을 면치 못했습니다. 그는 사울에게서 악신들이 떠나도록 수금(竪琴)을 타는 일도 했습니다. 두 번째 기름 부으심은 사울 왕이 죽은 후 사울 집안과의 추한 싸움과 더불어 이루어졌습니다.

오직 세 번째 기름 부으심 후에 다윗은 이스라엘 전역을 다스리는 통치권과 권세를 얻었습니다. 그리고 자신의 성 헤브론을 떠나 시온산으로 옮겨 갔으며 시온 전역을 다스릴 수 있었습니다.

믿는 자에게 주는 요점은 이것입니다. 세 번째 기름 부으심, 즉 왕에 대한 기름 부으심을 받기 전까지 우리는 하나님께서 우리에게 주시려고 작정하신 주권과 권세의 수준에 도달할 수 없다는 것입니다.

같은 방법으로, 사도들도 세 가지 기름 부으심을 경험하였습니다. 첫 번째 기름 부으심은 예수님께서 그들을 향하여 숨을 내쉬며 〈성령을 받아라〉(요한복음 20장 22절)고 말씀하셨던 때입니다. 두 번째 기름 부으심은 성령님께서 오순절 날 그들 위에 내려오신 것이었습니다(사도행전 2장).

그러나 더 큰 기름 부으심이 극적으로 초대 교회 위에 능력으로써 임하셨습니다. 사도행전 4장에 나오는 중요한 사건을 오순절 날의 반복으로 예사롭게 보아 넘길 때가 많습니다. 그렇지 않습니다. 예수 그리스도의 부활에 대한 사도들의 증거가 기적적인 능력을 증가하게 하였습니다. 사도행전을 보면, 사도들이 사람에게 순종치 않고 하나님께 순종하겠다는 결단을 보여 주고 있습니다.

그들이 기도를 마치니, 그들이 모여 있는 곳이 흔들리고, 그들은 모두 성령으로 충만해서, 하나님의 말씀을 담대히 말하게 되었다.(사도행전 4장 31절)

이스라엘의 장로들은 〈예수의 이름으로 전파하면 너희를 감옥에 가두리라〉 하며 사도들을 위협했습니다. 그러나 사도들은 믿음 위에 굳게 서 있었기 때문에 하나님께서는 세상 끝까지 이를 수 있는 능력을 자연적으로 나타나게 하신, 강한 기름 부으심을 보내셨습니다. 모인 곳이 진동하였고 그들은 담대하게 전하였으며 믿는 자가 날로 더해 갔습니다.

그러고 나서 사도행전 5장 12~14절에는 〈사도들의 손을 거쳐서 많은 표징과 놀라운 일이 백성 가운데서 일어났다. (……) 믿는 사람들이 더욱 늘어나면서, 주님께로 나아오니, 남녀 신도들이 큰 무리를 이루게 되었다〉라고 되어 있습니다.

베드로에게는 기름 부으심이 너무나 강하여, 그가 지날 때에 그의 그림자라도 덮인 사람들은 병이 치유되었습니다(사도행전 5장 15절).

그렇습니다. 세 번째 기름 부으심은 사도들의 삶에 더 큰 능력을 가져왔으며, 하나님의 왕국에 믿는 자의 수를 크게 더하였습니다. 바로 그것이 오늘날 우리에게 필요한 것이며, 세상을 구할 수 있는 길입니다.

금광맥 같은 가르침

이 예에 덧붙여, 성령의 행전이라고도 불릴 수 있는 사도행전에서는 여러분이 어디에 관심을 두는지에 따라 기름 부으심에 관해 대광맥과 같은 지식을 우리에게 주고 있습니다.

첫째, 성령님께서는 당신의 나타내심을 알려 줍니다.

사도행전의 첫 부분에서 그것을 발견할 수 있습니다. 먼저, 예수님께서는 성령님을 통해서 많은 것을 가르쳐 주셨습니다(1장 2~3절). 예수님께서는 성령님을 통해서 능력을 약속하셨습니다(1장 5~8절). 그러고 나서 온 세상이 알 수 있도록 성령님이 오셨습니다. 〈홀연히 하늘로부터 급하고 강한 바람과 같은 소리가 있어 저희 앉은 온 집에 가득하며〉 놀라운 일이 일어났습니다. 불의 혀 같은 것이 각 사람 위에 임하여 그들이 다른 방언으로 말하기 시작했으며, 그들은 놀라우신 하나님의 일을 천하 각국으로부터 모여든 사람들에게 선포하려고 거리로 나갔습니다(2장 2~11절).

성령님은 점잖으신 분입니다. 그렇습니다. 그분은 위로해 주시는 분입니다. 그렇습니다. 그러나 그분이 임하실 때는 여러분에게 알려 주십니다.

둘째, 성령님은 우리에게 언제나 길 잃은 자들에 대한 부담을 지게 하십니다.

베드로가 불과 수주 전에는 주님을 알아보지 못했던 많은 군중에게 말했습니다.

〈회개하십시오. 그리고 여러분 각 사람은 예수 그리스도의 이름으로 세례를 받고, 죄 용서를 받으십시오. 그리하면 성령을 선물로 받을 것입니다. 이 약속은 여러분과 여러분의 자녀와 또 멀리 떨어져 있는 모든 사람, 곧 우리 주 하나님께서 부르시는 모든 사람에게 주신 것입니다.〉 베드로는 이 밖에도 많은 말로 증언하고, 비뚤어진 세대에서 구원을 받으라고 그들에게 권하였다. 그의 말을 받아들인 사람들은 세례를 받았다. 이렇게 해서, 그 날에 신도의 수가 약 3천 명이나 늘어났다. (사도행전 2장 38~41)

예수 그리스도 앞으로 사람들을 인도하지 않으면 우리 삶 속에 성령님이 계시다고 말할 수는 없습니다.

〈너희가 권능을 받고, 내 증인이 되리라〉 하고 주님께서 말씀하셨기 때문입니다. 우리에게 영적 유희나 즐기라고 성령님을 보내신 것이 아니라 우리가 사람들에게 그리스도를 전할 수 있도록 하시기 위해 보내신 것입니다.

사도행전에서 우리가 발견할 수 있는 다음 결과는 완전한 연합입니다. 성령님과 함께한다는 사람이 항상 혼자이고, 모든 것을 가졌다고 생각하며 어느 누구도 필요하지 않다고 한다면 이는 심각한 일입니다. 올바른 태도의 한 예를 대 교회의 역사에서 볼 수 있습니다. 「저희가 사도의 가르침을 받아 서로 교제하며 떡을 떼며 기도하기를 전혀 힘쓰니라.」 그들은 같이 지내며 모든 것을 공동으로 사용하고 있었습니다. 그들은 〈사도들의 가르침에 골두하며, 서로 사귀는 일과 빵을 떼는 일과 기도에 힘썼〉고, 주님께서는 〈구원받는 사람을 날마다 더하여〉(사도행전 2장 42~47절) 주셨습니다. 고독한 배회자는 그 증거자가 될 수 없습니다.

여러분이 배울 수 있는 또 하나는, 성령님께서는 여러분을 통해 다른 사람들에게 기름 부으심이 기적적으로 넘쳐흐르게 하신다는 것입니다.

사도행전 3장에서 그것을 잘 나타내고 있습니다. 베드로와 요한이 기도하러 성전에 들어갈 때 하반신이 마비가 된 자가 구걸을 하였습니다. 베드로가 그를 주목하여 보았습니다. 나는 이 표현을 아주 좋아합니다. 그의 눈을 주목하여 고정시키고 〈우리를 보시오〉라고 명했습니다. 그래서 그가 무엇을 얻으려고 두 사람을 빤히 쳐다보자 베드로가 〈은과 금은 내게 없으나, 내게 있는 것을 그대에게 주니, 나사렛 예수 그리스도의 이름으로 (일어나) 걸으시오〉라고 말하였습니다. 베드로가 가진 것이 그를 통해 필요한 자에게 넘쳐흐르게 된 것입니다. 베드로가 그의 손을 잡아 일으키니 그는 치유되었습니다.

대단한 이야기입니다! 성령님은 우리에게 단순히 즐거움을 주시기 위해 계신 분이 아닙니다. 우리가 능력을 가지고 그리스도의 증인이 될 수 있도록 하기 위하여 오신 것입니다.

근래의 사역

근세에 가까이 오더라도, 여러분과 나와 같은 사람들 안에서 행하신 성령님의 특별한 사역을 발견할 수 있습니다.

18세기에 미국의 복음 전도자이며 신학자인 조너선 에드워즈라는 사람이 있었습니다. 사실상 그는 거의 감정을 나타내지 않는 전도자였는데, 설교대 뒤에 서서 두꺼운 안경을 끼고 준비된 글을 읽어 내려가며, 가끔 사람들을 쳐다보곤 하였습니다. 그러는 동안 그의 메시지를 통해서 사람들에게 큰 회개가 일어났습니다. 〈노하신 하나님의 손에 붙들린 죄인들〉이라는 한 설교에서 회중 가운데 긍휼을 베풀어 주시기를 바라는 외침이 크게 있었다고 기록되어 있습니다. 그가 읽어 가는 동안 하나님의 능력 아래 어떤 사람들은 쓰러지기도 하였습니다. 그 특별한 메시지가 삶을 변화시키는 능력과 함께 식민지 대륙을 휩쓴 교회 부흥의 도화선이 된 것입니다.

마찬가지로 유명한 설교가도 아니며, 설교 도중 많은 실수를 연발하던 D. L. 무디도 명백한 성령님의 뒷받침으로 많은 지방과 나라를 뒤흔들었습니다.

그리고 아메리카 대륙에 부흥의 불을 붙이는 역할을 했던 찰스 피니가 있었습니다. 그가 설교하는 도시 전체에 영광의 구름이 덮일 정도로, 그에게는 너무나도 강한 기름 부으심이 있었습니다. 하나님의 영광을 집회 장소 안에서나 밖에서나 느낄 수 있었던 것입니다. 사람들은 하나님의 능력 아래 쓰러졌으며, 울먹이며 긍휼을 베풀어 달라고 애원했습니다. 하나님에게 전혀 관심 없던 자들도 그 옆을 지나갈 때 능력 아래 쓰러지고 자신들의 죄를 고백하였다고 합니다.

무엇이 이런 결과를 가져왔나요? 그것은 확실히 열띤 웅변 기술이나 요술쟁이식의 전략이 아닙니다.

캐서린 쿨먼은 멋진 구두와 날아갈 듯한 드레스를 입고 강당 안으로 미끄러지듯 들어올 때, 그녀의 집회에 처음 참석했던 사람들로부터 킬킬거리는 비웃음을 받았습니다.

「대단한 쇼인데!」 그들은 속으로 휘파람을 불기도 했습니다. 그러나 그녀가 〈아버지〉 하고 기도하는 순간 대강당은 하나님의 임재하심과 능력으로 활기차게 되었던 것입니다. 사람들은 비틀거렸고, 수백 명이 심한 질병에서 치유되었고 구원은 넘쳐나고 있었습니다.

그것은 분명히 요술쟁이식의 전략이 아닙니다.

영국에는 제프리 형제가 있었습니다. 많은 사람이 그들의 이름을 알지는 못했지만, 그들에 대한 기름 부으심 역시 너무나 강했기 때문에 그들이 집회 장소에 들어가 설교대 뒤에 서서 아주 간단히 〈주님이 여기 계십니다〉라고만 말해도 기적들이 일어났습니다. 하반신 장애인, 눈먼 사람, 청각 장애인, 심지어는 사지가 성치 않던 사람들까지도 믿을 수 없을 정도의 기적을 체험했다는 정통한 기록이 있습니다. 아프리카를 변화시켰던 강력한 복음 전도자이며, 자신의 삶 속에서 성령님의 큰 역사를 믿었던 라인하르트 본케의 활동은 오래전 제프리 형제 중 한 사람이 했던 기도를 통해 나타나기 시작한 것임을 추적할 수도 있습니다.

또한 영국에는 내 아내의 할머니 릴리언이 같이 사역했던 스미스 위글스워스라는 사람이 있었습니다. 릴리언에게서 들었던 가장 기억에 남는 이야기 중 하나는 청중으로 왔던 사람이 갑자기 죽었을 때의 일입니다. 「그를 일으켜 세우시오!」 위글스워스는 말했습니다. 그러고는 죽어 있는 자의 배를 한 방 내리쳤습니다. 그리고 단호하게 〈예수의 이름으로 깨어날지어다〉 하고 말했습니다. 그러나 그 사람은 아직 죽은 채로 있었습니다.

아무것도 일어나지 않았습니다. 「그에게서 묶음을 놓아라, 이 죽음의 영아!」 아직도 그 사람은 죽어 있었으며 마루에 굴러 떨어졌습니다. 그는 죽은 자를 다시 세우라고 명한 뒤에 다시 〈예수의 이름으로 말하노니 깨어날지어다〉 하고 말하면서 그 사람의 뺨을 때렸습니다. 그러자 그 사람은 눈을 떴습니다. 죽은 자가 살아났던 것입니다!

여러분은 이러한 영적 싸움을 곧이듣지 않을지도 모르지만, 나에게는 분명합니다. 하나님의 사람들 가운데 하나님의 성령이 강력하게 나타신 것은 전혀 새로운 일이 아닙니다. 그것은 시작된 이래 계속되고 있습니다. 그리고 잊지 마십시오. 그것은 여러분에게도 나타날 수 있습니다!

예수님,
스스로 계신 분

성령님은 놀랍게 위로하시는 분이며, 보혜사이며, 도와주시는 분입니다. 그분은 예수님께서 승천하셨을 때 하나님의 사람들 곁에, 사람들 안에 그리고 사람들 위에 계시도록 아버지와 아들께서 보내신 분입니다. 이 영광스러운 삼위일체 하나님의 세 번째 분은 근본적으로 주 예수 그리스도를 나타내기 위한 목적을 가지고 계십니다. 진리의 성령으로서 예수님의 속성을 갖고 계시며 보고, 듣고, 따르는 자들에게 그것을 나타내십니다. 나는 성령님의 임재하심과 기름 부으심에 관하여 책을 쓰고 있지만, 여러분은 절대로 주 예수님에 대한 시각을 잃어버려서는 안 됩니다. 여러분이 그분을 알고, 사랑하고, 섬기도록 모든 것이 주어진 것입니다. 그래서 나는 여러분들이 예수님께서 누구이신지 숙고할 수 있는 시간을 갖기를 바랍니다. 그래야만 여러분은 이 책의 주제가 매우 중요하다는 것을 더 잘 이해할 수 있습니다.

「영광의 주님」이라는 오래된 합창곡이 있습니다. 작사자는 다음과 같이 노래합니다.

> 영광의 주님, 위대한 스스로 계신 분
> 알파와 오메가, 처음과 나중이신 분
> 그 이름은 기묘자, 평강의 왕
> 영존하신 하나님, 영원히 계시네.

그분은 완전하신 하나님의 계시입니다. 시작과 마지막이시며, 처음이요, 나중이십니다. 원인이 되시며 결과가 되십니다. 아멘.

「내가 영원한 생명이니라.」 주님께서 말씀하셨습니다. 예수님은 영원 전부터 영원 후까지 계십니다.

「주님, 천국에서 우리는 무엇을 보게 되나이까?」 여러분은 묻고 싶겠지요.

「내가 너희의 초점이니라.」

「천국에서 우리는 무엇을 하게 되나이까?」

「너희는 영원토록 나에게 예배와 기쁨을 주리라.」

「천국에서 우리는 무엇을 듣게 되나이까?」

「내가 너희에게 계시한 모든 것이니라.」

「천국은 무엇입니까?」

「너희를 위한 나의 창조물이니라.」

예수님은 모든 것의 중심이십니다. 오직 그분만이 〈스스로 계신 분 I AM WHO I AM〉이십니다. 그것은 바로 〈예수님 안〉에 살고, 또 거한다는 것을 의미합니다.

여러분이 구원되면, 여러분은 그분의 선하심 속에 있게 됩니다. 여러분은 그분의 생명으로 옷을 입습니다. 여러분은 처음과 나중이요, 알파와 오메가로 옷을 입게 됩니다.

하나님께서 무엇을 말씀하시면 어떻게 그것이 영원히 존재하는지 오랫동안 나는 이해할 수가 없었습니다. 그러나 그것에 대해 성경은 〈주님, 주님의 말씀은 영원히 살아 있으며, 하늘에 굳건히 자리 잡고 있습니다〉(시편 119편 89절)라고 말하고 있습니다. 그분께서 무엇을 말씀하시면, 그것은 이미 끝난 것입니다. 거기에는 시간이 작용하지 않습니다. 영원이 있을 뿐입니다.

예수님은 말씀이십니다. 그분께서 말씀하시는 것은 진리입니다.

그분 없이는, 역사는 의미가 없습니다. 사실 그분 없이는 역사도 없습니다. 거기에는 원인도 없고 결과도 없습니다.

전 세계 사람들이 묻고 있습니다. 「나는 누구인가? 왜 나는 여기 있는가? 나는 어디로 가고 있는가?」 누구, 왜, 어디로? 그분이 바로 이 세 가지 모두에 대한 해답입니다.

엄청난 의미

〈주님은 위대하시고 스스로 계신 분〉이라는 선포에는 큰 뜻이 있습니다. 기억하십니까? 〈당신의 이름은 무엇입니까?〉 하고 모세가 물었습니다. 누가 대답했나요? 주 예수님의 천사가

〈스스로 있는 자〉라고 대답했습니다.

　〈스스로 있는 자〉는 누구입니까?

　바울은 예수님에 대하여 골로새서에서 이렇게 기록했습니다.

　　만물이 그분 안에서 창조되었습니다. 하늘에 있는 것들과 땅에 있는 것들, 보이는 것들과 보이지 않는 것들, 왕권이나 주권이나 권력이나 권세나 할 것 없이, 모든 것이 그분으로 말미암아 창조되었고, 그분을 위하여 창조되었습니다. 그분은 만물보다 먼저 계시고, 만물은 그분 안에서 존속합니다.(골로새서 1장 16~17절)

　그렇기 때문에 모세는 말할 수 있었습니다.

　「바다를 향해 앞으로 나아가라.」 그러자 바다는 갈라졌습니다. 여러분도 모세가 말하는 것을 들을 수 있습니까? 「그분께서 행하시는 것을 보라!」 스스로 계신 분께서 말씀하셨습니다. 「앞으로 나아가라!」 그리고 모세는 그의 지팡이를 들고 내밀었습니다. 그러자 바다가 갈라졌습니다. 지팡이 때문이 아니고 스스로 계신 분 때문이었습니다.

　엘리야도 같은 식으로 말했을 때 불이 하늘로부터 내려왔습니다. 그때 스스로 계신 분께서 말씀으로 행하였던 것입니다.

　어느 날, 앞으로 어떤 일이 일어날지 모르는 나사렛에 사는 한 여인은 천사가 말하는 것을 보았습니다. 「마리아, 하나님께서 당신이 곧 수태하리라 하셨습니다.」

「어찌 그런 일이 있을 수 있지요? 자세히 설명해 주세요.」

「완전히 이해할 수 있도록 나도 설명할 수가 없군요.」

「이해하게 도와주세요.」

「나도 이해하지 못합니다.」

어느 누구도 이해할 수 없습니다. 무한한 것을 설명하기에는 단어가 너무나 제한되어 있기 때문입니다. 여러분이 알 수 있는 것은 단지 한 면, 무한하신 분께서 자기 자신을 육체 속에 제한하기를 택하셨다는 것뿐입니다. 마리아의 태를 사용하여 영원하신 분께서 육체가 되셨습니다. 그분께서는 마리아의 몸에서 태어나셨으며, 마리아는 팔에 예수라 불리는 아기를 안고 있었습니다. 〈구세주〉 또는 〈구원〉이란 뜻을 가진 예수는 그분의 이름 전부가 아닙니다. 그분은 또한 스스로 계신 분이셨습니다.

〈스스로 계신 분〉에 의하여 〈예수〉라는 이름이 우리에게 주어졌으며, 그것은 모든 이름 중에 뛰어난 이름입니다. 그러나 문제는 그분이 육신이 되기 전에는 무엇이라 불리셨느냐는 것입니다. 그분은 시작이요 나중이며, 알파와 오메가요, 전에도 계셨던 스스로 계신 분이라 불리셨습니다.

그리고 그분은 이 땅 위를 걸으셨습니다.

만물을 붙들고 계신 분

여러분의 손이 움직일 때마다 여러분은 말합니다. 「예수님은 살아 계시다.」 그분께서 창조하신 에너지 없이 여러분은 움직일 수가 없습니다. 그분이 바로 여러분의 심장을 뛰게 하는 능력이십니다. 그분은 여러분의 육체가 살아 움직일 수 있도록 하는 힘이십니다.

생각해 보십시오. 바울은 스스로 계신 예수님께서 원자(原子)들이 서로 붙어 있도록 만드는 원동력이라고 말했습니다. 그분께서 한 발자국 물러나시면, 여러분의 팔과 가슴을 비롯한 모든 세계가 산산조각이 되어 날아가 버릴 것입니다. 히브리서 1장 3절을 보면 하나님의 아들이 그의 능력의 말씀으로 만물을 붙들고 계시다고 말합니다.

과학자들은 육체와 자연계의 모든 것을 붙들고 있는 힘이 있다고 발표해 왔습니다. 여러분은 이제 바로 그렇게 하고 계신 분의 이름이 무엇인지 그들에게 말할 수 있을 것입니다.

지금 우리가 말하고 있는 것의 중요성을 알아야 합니다. 누군가가 지구라고 불리는 놀라운 혹성을 창조하셨고, 또 그 누군가가 내려오셔서 그곳을 걸으셨습니다.

그분이 창조하신 광대한 우주 가운데 지구는 한 줌의 흙에 불과할 만큼 그분은 크신 분입니다. 그리고 그분은 그 위를 걸으시는 동시에 만물을 붙들고 계신 것입니다.

그것으로도 충분히 이해가 안 된다면, 한 줌의 흙(지구) 속에 있는 다른 한 줌의 흙인 여러분을 생각해 보십시오. 그리고 이 무한하신 만물의 창조자께서 여러분 안에 계시기로 결정하셨습니다. 그리고 그분은 여러분을 구원하기로 하셨습니다.

왜일까요?

그분은 스스로 계시기 때문입니다.

그래서 그분께서 지구로 내려오셨는데, 그분께서 살기로 선택하셨던 나라의 지도자들이 화를 내며 〈우리는 아브라함의 자손입니다〉라고 말했을 때 그분은 조용히 대답하셨습니다. 「아브라함이 나기 전부터 내가 있느니라.」

「그 말은 신성 모독이오.」 그들은 외쳤습니다.

「나는 스스로 있는 자이니라.」

「서른 살밖에 되지 않았는데, 어떻게 당신이 스스로 계신 분이 될 수 있단 말이오?」

「나는 스스로 있는 자이니라.」

결국 그들은 십자가에 그분을 못 박았습니다. 그러나 그분께서 죽음을 붙들고 계시기 때문에 죽음이 그분을 붙들지 못한다는 것을 그들은 알지 못했습니다. 그분께서 무덤을 붙들고 계시기 때문에 무덤도 그분을 붙들 수 없다는 것을 그들은 몰랐습니다.

그래서 그분은 죽음에서 일어나셨고, 지금도 〈나는 스스로 있는 자이니라〉 하고 말씀하고 계십니다.

인간에 대한 흥미 있는 생각

하늘과 땅과 그 안에 있는 것을 만드신 후, 하나님께서 〈우리의 형상을 따라 사람을 만들자〉 하시고, 사람에게 통치권도 주셨다고 성경은 말합니다. 그러나 그분께서는 이 놀라운 창조물에게 당신과 함께할 영생을 주시지 않았습니다. 대신 선택하도록 하셨습니다.

근본적으로 하나님께서 삼위일체 하나님 안에서 말씀하시기를, 〈우리의 동반자가 될 사람을 만들자. 우리와 같은 위치에 있을 자가 아닌 동반자를, 네 번째의 우리가 아닌 동반자를 만들자. 그리고 그에게 우리가 창조한 세상을 주리라. 그리고 그가 생명과 죽음 중에 어떤 것을 선택하는지 의지도 주어 보자〉고 하셨습니다.

그래서 하나님께서 아담을 창조하셨고, 그를 두 가지 나무, 하나는 생명 나무이며 다른 하나는 선과 악을 알게 하는 나무라 불리는 죽음의 나무가 있는 에덴 동산에 두셨습니다. 그리고 하나님께서는 아담이 무엇을 하는지 기다리셨습니다.

자, 창세기에 보면 하나님께서는 아담에게 자신을 나타내지 않으셨습니다. 생각해 보십시오.

하나님께서는 사람을 창조하시고 당신께서 창조주라는 사실을 그에게 말씀해 주지 않으셨습니다. 〈나는 곧 나다〉(출애굽기 3장 14절)라고 들었던 첫 번째 사람은 모세였습니다.

왜 아담이 아니었을까요? 하나님께서는 생명과 죽음에 대한 아담의 선택을 보시기 위해 기다리셨습니다. 이 점이 매우 중요합니다. 여러분이 그분을 선택하기까지는 스스로 계신 분에 관한 계시를 여러분은 가질 수가 없습니다. 그가 첫 번째 인간이었을지라도 하나님께서는 누구에게나 마찬가지로 하나님 자신을 강요하지 않으셨습니다.

아담이 생명 나무를 선택했더라면 그는 영원토록 살았을 것이며 인간들에게는 얼마나 영광스러운 일이었겠습니까! 잊지 마십시오. 하나님께서는 죄가 들어오기 전에 인간에게 생육하고 번성하라고 명령하셨습니다. 그렇게 되었다면, 얼마나 놀라운 일이 일어났겠습니까!

아담은 먹으면 죽게 될 선과 악을 알게 하는 나무를 선택하였으며, 그것을 취하여 먹어 보고는 그것을 좋아하지 않았습니다. 그는 생명 나무를 취하려고 노력하였던 것입니다. 그러나 하나님께서 그를 막도록 천사를 보내셨습니다.

그 생명 나무를 예수 그리스도라고 생각해 보십시오. 아담이 그 나무를 애초부터 택하였더라면 그는 살아 계신 하나님의 끊이지 않는 계시 속에 들어갔을 것입니다. 그러나 그는 다른 나무를 선택했습니다.

왜 예수님께서 이 땅에 오셨을까?

나는 빌리 그레이엄 목사가 하나님과 타락한 후의 인간의 상황을, 여러분이 한 마리의 개미를 창조했다고 가정하고 비유한 설교를 기억합니다. 창조자로서 여러분은 그 작은 개미를 사랑하고 돌보아 줍니다. 어느 날 여러분이 개미가 죽음을 향하여 가는 것을 본다면 어떻게 하시겠습니까? 그렇게 하면 죽는다고 어떻게 여러분은 말하겠습니까?

문제는 절망적입니다. 첫째, 개미는 여러분의 생각대로 생각하지 않습니다. 둘째, 여러분의 말을 알아들을 수가 없습다. 셋째, 여러분을 볼 수도 없습니다. 넷째, 여러분을 이해할 수도 없습니다. 여러분이 개미를 만지려고 하면 자칫 개미를 죽일 수도 있습니다. 여러분의 손을 개미 앞에 갖다 놓으면 손으로 기어 올라와서 계속 기어갈 것입니다. 그러면 여러분은 어떻게 하시겠습니까?

단 한 가지 할 수 있는 일은 여러분이 개미가 되어서 〈그 길로 가지 마라. 너는 죽게 될 것이다. 나를 따르라〉고 말하는 것이겠지요.

우리가 주 예수님을 생각할 때에, 그분께서는 기적을 행하는 자의 눈이라 할지라도 자연계의 눈으로 볼 수 있을 뿐인 세상의 제한된 인간보다 엄청나게 크시다는 것을 여러분은 이해하셔야 합니다. 자, 그분을 한 인간으로, 그리고 그분을 무한하신 존재가 아니라고 생각해 보십시오. 그래서 그분께서는 자신이 〈문〉이라고 말씀하셨습니다. 그러나 문 뒤에는 무엇이 있습니까? 흥분되는 질문이 아닙니까? 여러분과 나는 우리 앞에 많은 것을 가지고 있습니다.

그러나 주님께서는 수세기에 걸쳐, 많은 사람을 통해서 조금씩 당신을 나타내셨습니다. 히브리서의 첫 부분에서는 다음과 같이 말합니다.

하나님께서 옛날에는 예언자들을 통하여, 여러 번에 걸쳐 여러 가지 방법으로 우리 조상들에게 말씀하셨으나, 이 마지막 날에는 아들을 통하여 우리에게 말씀하셨습니다. 하나님께서는 이 아들을 만물의 상속자로 세우셨습니다. 그를 통하여 온 세상을 지으신 것입니다. 그는 하나님의 영광의 광채시요, 하나님의 본체대로의 모습이십니다. 그는 자기의 능력 있는 말씀으로 만물을 보존하시는 분이십니다. 그는 죄를 깨끗하게 하시고서 높은 곳에 계신 존엄하신 분의 오른쪽에 앉으셨습니다.(히브리서 1장 1~3절)

처음에는 하나님께서 인간의 입을 통해 한 번에 한 가지씩 당신을 나타내셨습니다. 만약 여러분이 에녹, 노아, 아브라함, 이삭, 야곱, 요셉, 모세, 여호수아, 갈렙, 기드온, 다윗, 솔로몬, 그리고 세례 요한이었다면, 한 사람이 한 가지의 계시, 혹은 한 말씀, 혹은 한 설교씩 받았을 것입니다.

그러나 어느 날 하나님께서 사실상 〈이제는 인간의 입을 통해서 말하지 않으리라. 저들이 볼 수 있게 나타내어 말하리라〉 하셨고, 그래서 〈그 말씀은 육신이 되어 우리 가운데 사셨다〉 (요한복음 1장 14절)라는 말씀이 이루어졌습니다.

우리가 예수님을 찾음으로써 자연적인 마음으로는 볼 수 없는 무한한 계시를 갖게 되었습니다. 그러나 바울은 〈우리는 세상의 영을 받은 것이 아니라, 하나님에게서 오신 영을 받았습니다. 그것은, 하나님께서 우리에게 은혜로 주신 선물들을 우리로 하여금 깨달아 알게 하시려는 것〉이라고 우리에게 가르쳤습니다. 그러나 〈자연에 속한 사람은 하나님의 영에 속한 일들을 받아들이지 아니합니다. (……) 이런 일들은 영적으로만 분별되기 때문입니다. (……) 그러나 우리는 그리스도의 마음을 가지고 있습니다〉 하고 덧붙였습니다(고린도전서 2장 12~16절).

얼마나 놀라운 일입니까?

여러분이 성령님과 함께 걷고 그분의 임재하심 속에 살아가고 그분의 능력으로 기름 부으심을 받았다면, 여러분은 무한하신 주님, 구세주이신 스스로 계신 분을 더욱더 이해하게 될 것입니다. 여러분이 한번 만지심을 받으면 여러분은 〈다시 나를 만져 주시옵소서〉 하며 울 것입니다. 여러분은 어제의 만지심에 만족하지 못할 것이며, 〈한 번만 더, 주님 한 번만이라도 더 만져 주시옵소서〉 하고 항상 기도하는 여러분 자신을 발견할 것입니다. 매번의 계시마다 다른 것으로 여러분을 더 굶주리게 만들 것입니다.

「당신의 계시가 끝남을 알 수 있는 날이 있을까요?」 여러분 자신이 이렇게 묻는 것을 보게 될 것이며, 그분께서는 〈결코 아니야〉 하고 대답하실 것입니다. 한 번의 계시는 다음 것의 시작에 불과합니다. 그리고 나는 여러분에게 이러한 것을 어떻게 가질 수 있으며 어떻게 지속시킬 수 있는지 보여 주기를 원합니다.

12

지금, 여러분을
위하여

많은 사람이 하나님의 능력을 원하지만, 자신들이 처음 하나님의 임재하심을 체험할 때까지는 능력이 오지 않는다는 것을 이해하지 못합니다. 그리고 임재하심이 있게 되면, 이미 말했듯이 그 첫 증거로 성령의 열매가 나타나게 될 것입니다. 여러분 주위에 있는 사람들을 대할 때 그 열매는 매일매일 증거가 될 것입니다. 그리고 진실로 열매가 있게 되면 주님께서 여러분에게 성령님으로 기름을 부어 주실 것입니다. 그것이 바로 능력입니다.

이런 순서로 이루어집니다. 하나님의 임재하심은 능력을 가져오는 수레입니다. 능력이 임재하심 후에 오는 것이지 그 반대가 아닙니다. 임재하심과 열매는 같이 옵니다. 기름 부으심과 능력도 마찬가지로 같이 옵니다.

여러분이 성령님의 기름 부으심을 발견하게 되면, 결과는 사도행전 1장 8절을 성취하는 것입니다. 〈내 증인이 될 것이다〉 하신 이는 하나님께서 말씀하셨던 임재하심 없이, 방언을 말하거나 성령의 다른 은사들을 나타내는 것을 의미하지 않습니다. 여러분은 여러분에게 열매를 줄 수 있는 임재하심을 먼저 체험해야 합니다. 그리고 이는 하나님을 여러분 안에 거하실 수 있도록 초청하는 것입니다. 그러면 능력을 뜻하는 기름부으심이 오게 될 것입니다. 그리고 여러분은 그분의 증인이 될 것입니다.

하나님께서는 이 점에 대해 나에게 분명히 말씀하신 적이 있습니다.「나는 내가 있지 않은 그릇에 기름을 붓지 않노라. 나로 가득 차 있는 그릇에만 기름을 붓노라.」이것이 계시였습니다. 우리는 성령의 세례를 받습니다. 그분의 속으로 잠기고, 넘쳐흐를 정도로 채워지며, 함께 거합니다. 체험은 단순한 감정이나 오싹한 기분이 아닌 실제입니다. 그러면 성령의 열매가 우리의 삶 속에서 열리고 내 주위의 것들을 만지시게 됩니다.

그러한 일이 일어나면 여러분은 주님과 같이 걷고, 주님께 순종함으로써 주님께서 여러분에게 기름을 부어 주실 것이며, 그 시점에서 그분을 섬기는 능력은 시작됩니다. 그러면 담대하게 하나님의 약속의 유산을 받아 믿지 않는 자들의 가슴을 부드럽게 하여 하나님께 향하도록 하고, 사도행전에 기록된 것과 같은 표적과 기사를 보게 될 것입니다.

여러분의 얼굴은 빛날 것입니다
모세가 시나이산에서 하나님의 임재하심과 영광을 보고 빛과 같이 빛나는 얼굴을 하고 내려갔던 일을 되새겨 보십시오. 사람들은 그의 얼굴을 쳐다볼 수가 없었습니다. 여러분도 역시 하나님의 임재하심과 만나게 될 때, 분명해질 것입니다. 그것은 아마도 여러분의 얼굴에 나타나게 되고, 여러분의 행실에 나타나게 될 것입니다. 여러분의 용모는 여러분 주위의 사람들에게 달리 보일 것입니다. 「나는 뭔가 달라. 나는 전능하신 하나님의 임재하심 속에 있었지.」

만약 여러분이 하나님을 자각하는 경우가 아주 없거나 거의 없고, 자신만을 자각하고 있다면, 오직 자신만이 나타날 뿐입니다. 여러분이 자신을 자각하지 않게 된다면, 하나님을 자각하게 될 것이고 하나님의 열매를 나타낼 것입니다.

아담은 좋은 실례를 보여 줍니다. 그가 더 이상 하나님을 자각하지 않게 되었을 때 그를 감싸고 있던 임재하심과 영광이 사라졌으며, 그는 자기 자신에 대한 자각으로 옷을 입게 되었습니다. 그리고 그는 〈두렵다〉고 말했습니다. 그 순간부터 그는 자신의 동반자이며, 하늘과 땅의 창조자이신 하나님으로부터 숨기 시작했습니다.

두려움은 자기를 자각하는 것의 첫 결과이며, 담대함은 하나님을 자각하는 것의 첫 결과입니다. 우리가 하나님을 자각하게 될 때 우리는 우리 자신과 우리 자신의 힘을 신뢰하지 않게 될 것입니다. 하나님의 임재하심이 우리 안에 있게 되면 우리의 삶에 능력과 권세를 가져다줍니다. 우리는 우리 힘으로 싸움을 치르지 않아도 되며, 성령님의 권세를 통하여 전능하신 하나님을 따라 담대하게 행할 것입니다.

이제 여러분은 이해했으리라 믿습니다. 성령님의 기름 부으심이 여러분을 덮고 여러분 안에 침투되어 있는 한, 성령님의 임재하심은 여러분의 영 안에 거하시게 되는 것입니다. 예수님의 증인으로서 세상을 향해 예수님을 충분히 보여 주기 위해서, 여러분은 두 가지를 다 가져야 합니다. 임재하심은 여러분이 변화되게 하며, 기름 부으심은 여러분을 벗어버리고 임재하심과 교통할 수 있도록 합니다.

오직 길은 하나뿐

「그럼, 나는 어떡하면 되지요?」여러분이 질문하겠지요.

거기에는 한 가지 길이 있을 뿐입니다. 바로 기도입니다. 그것은 싸움, 버리는 싸움을 의미합니다. 가장 큰 적인 자신에 대한 근본적인 싸움입니다. 여러분이 여러분의 시야를 버리지 않는다면, 하나님의 임재하심을 알 수 없습니다.

육의 소욕은 기도로 죽일 수 있습니다. 그리고 여러분은 그것을 성취할 수 있도록 싸워야 합니다. 여러분 대부분이 내가 발견했던 것처럼 할 수 있을 것입니다. 여러분이 진실된 기도를 처음 하게 될 때 먼저 피할 수 없는 죄들과 욕구들이 떠오를 것입니다. 여러분이 말할 수 있는 전부는 〈나를 용서해 주시옵소서. 나에게 긍휼을 베풀어 주시옵소서. 나를 도와주시고 인도해 주시옵소서〉 등일 것입니다. 모두가 나를, 나에게, 나를, 합니다.

오해하지 마십시오. 여러분은 여러분의 죄를 자백하여야 하며, 용서를 구하고 용서받고, 인도하심을 사모하여야 합니다. 그러나 여러분에게는 아직도 주님과의 교통이 있어야 하며 그분의 가슴속에 있는 것들에 관해 이야기하고 들을 수 있어야 합니다. 그분을 사랑하고, 그분께 감사하고, 그분께 예배하는 것이 필요합니다. 그것이 그분의 임재하심의 열매들입니다. 그 밖의 다른 것들은 여러분이 아닌 그분의 뜻의 때에 따라 이루어집니다.

단 5분간의 하나님의 임재하심과 친교가 1년 내내 〈나를〉, 〈나에게〉 하는 것보다 훨씬 가치 있습니다. 그러면 여러분은 이 싸움에서 승리하게 될 것이며 임재하심을 체험하기 시작할 것입니다. 여러분의 즐거움은 너무 커서 여러분은 기꺼이 육을 버리고 자신을 그분의 임재하심 속에 맡기게 될 것입니다.

하나님께서는 여러분에게 말씀하시게 될 것이며, 여러분도 그분께 기도드리게 될 것입니다. 그분께서는 많은 것을 여러분에게 나누어 주시고 여러분에게 많은 이야기를 하실 것입니다. 그분의 사랑과 따뜻함과 부드러움과 지혜 속에 여러분은 황홀해하고 기뻐할 것입니다. 이로써 여러분은 그분의 음성에 따라 순종하게 되는데, 이것이 바로 성령님의 기름 부으심에 필요한 열쇠입니다.

주님께서는 작은 것들로부터 여러분을 신뢰하시고 여러분의 믿음을 측정하시고 여러분이 어느 정도 순종하는지 아시게 될 것입니다. 여러분이 작은 것에 믿음을 보이면 그분께서는 점점 더 큰 것으로 여러분을 신뢰하시게 될 것입니다. 그분께서 작정하신 부르심을 충족시킬 수 있도록 그분의 능력은 여러분 위에 있을 것입니다.

능력은 누구에게나

소명에 대해 한 말씀드리겠습니다. 성령님의 기름 부으심은 모든 크리스천을 위한 것입니다. 그리고 제9장에서 나병 환자에 대한 기름 부으심에서 말했듯이 거듭난 자마다 성령님의 첫 번째 기름 부으심을 받게 됩니다.

기름 부으심 외에는 크리스천으로서 여러분의 부르심과 견줄 만한 것이 아무것도 없습니다. 어떤 사람들은 설교자, 전도자, 신유 부흥 전도자, 목사, 교사 등 주님을 직접 섬기는 자로 부르심을 받고, 또 다른 사람들은 작가, 음악가, 행정가, 조력자, 소그룹 인도자, 봉사자 등으로 부르심을 받습니다. 이들 중에는 반려자도, 부모도, 일반 학교 교사도, 실업가도, 목수도, 노동자도 포함되어 있을 것입니다.

교회 안에서나 또는 어떤 모임에서 부르심과 열성으로 주님을 섬길 때 각 사람은 소명에 맞는 기름 부으심을 받을 수 있으며, 또 그렇게 되어야 합니다.

이 책의 대부분에서 나는 직접 사역에 대한 부르심을 위한 성령님의 기름 부으심에 중점을 두고 말해 왔습니다. 마귀와 질병의 공격에 대해 강대상 뒤나 강단에 서서, 하나님의 종으로서 하나님의 백성들에게 직접 사역하는 면을 많이 논의해

왔습니다. 그러나 여러분이 무엇을 하건, 기름 부으심에 대한 여러분의 열망이 아주 작은 부분으로 감소되어서는 아니 될 것입니다.

빠를수록 좋겠지만 결국은 끊임없이 기도하는 장소로 여러분은 옮겨 가게 될 것입니다. 그것은 여러분의 삶이 될 것이며, 이것이 충분히 지속될 때 여러분의 성격도 변화될 것입니다. 즉, 여러분의 삶의 방법이 변화될 것입니다.

확실히 여러분 모두는 자연적인 삶을 살아가야 합니다. 예수님께서 일찍 일어나셔서 자주 한적한 곳으로 홀로 가셨지만, 하루 24시간 계속 꿇어앉아 기도하지는 않으셨습니다. 우리 중 누구도 그렇게 할 수는 없습니다. 우리는 자녀를 돌보는 것과 같은 정해진 일은 하면서 기도해야 합니다.

일상생활 중에 나의 가장 귀한 시간의 일부가 있습니다. 나의 자녀들을 생각하고, 이야기를 나누며, 같이 기도할 수 있는 놀라운 시간이 있습니다. 나는 내 방을 떠나 숲 속으로 홀로 가지도 않습니다. 나는 아이들과 아내와 함께 모여 아름다운 주님의 임재하심을 체험하며 그들과 같이 있습니다. 그것은 하나님의 부드러운 기름 부으심이며 우리의 가정 생활을 축복해 주시는, 완전히 다른 종류의 기름 부으심입니다. 그것은 신유 집회를 위한 기름 부으심과 능력이 아닙니다. 그러나 매우 중요하고 아주 현실적인 것입니다.

나는 같은 방법으로 올랜도 크리스천 센터에서 일하는 나의 동역자들과 이야기하곤 합니다. 그들과 함께 용기를 북돋우고, 동정을 나누고, 권고하고, 책망합니다. 그리고 내가 단지 〈예수님〉 하고 말해도 임재하심은 곧 현실로 나타납니다.

그러나 요점은 예수님께서는 아버지와 계속적으로 친교를 나누셨다는 것이며, 우리도 역시 놀라우신 성령님의 방법으로 그분과 계속적으로 친교를 가져야 한다는 것입니다.

앞에서 말했듯이 조용한 시간들은 중단 없는 기도를 낳게 해줍니다. 그리고 우리는 기도를 게을리 하지 말아야 합니다.

사람들은 언제나 내 자신의 개인 기도 시간에 대해 질문합니다. 그들이 나를 지침이나 가장 좋은 본보기로 바라보는 것은 이해합니다. 그러나 내가 하는 방법을 그대로 따를 필요는 없습니다. 나는 하나님께서 여러분이 어떻게 해야 할 것인지 보여 주시기를 바랍니다. 사실, 기도는 매우 사적이고 귀중한, 개인적인 친밀함입니다.

가끔 나는 내 방에서나 옥외에서나, 어디에서나 주님과 단둘이 있으면 기도를 시작하게 됩니다. 그것이 사적이고 조용하게 이루어지는 한, 나는 반나절 이상 기도를 계속할 때도 있습니다. 또한 한 시간 정도만 주님과 단둘일 때도 많이 있습니다.

집회 일정상 해외여행을 하고 있을 때는 5분 이상의 시간을 가질 수 없는 경우도 있습니다. 그러나 주님께서는 오랫동안 나에게 계속적인 친교를 훈련시켜 주셨음을 기억하기 바랍니다. 나는 그것을 절대로 게을리 하지 않습니다.

그러한 단절과 시련의 기간 동안 나는 기름 부으심을 받고 신유 집회의 강단에 섰습니다. 사람들은 내가 하루 종일 기도하고 성경을 읽을 거라고 생각할지도 모릅니다.

성경을 절대 잊지 마십시오

기도 시간에 성경이 없어서는 안 됩니다. 기도를 포함해서, 나는 어떤 일이든 먼저 성경 말씀을 보지 않고는 일과를 시작하지 않습니다. 나는 그렇게 해야 합니다. 그것은 하나님의 말씀이며 나는 그것을 나의 혼 속으로 집어넣어야 합니다. 그리고 여러분도 그렇게 하셔야 합니다.

더욱이 여러분이 기도하고 하나님의 임재하심을 체험할 때에는 곁에 성경을 항상 가지고 있어야 합니다. 그분께서는 여러분을 어떤 특별한 구절로 인도하시며 가르치십니다. 그리고 이해하지 못하는 구절이 나올 때 그분께 여쭤 보십시오. 성경은 그분이 여러분의 스승이라고 매우 분명하게 말합니다. 사실, 성령님은 여러분에게 필요한 단 한 분의 선생님입니다. 요한1서 2장을 기억하십시오.

여러분으로 말하자면, 그가 기름 부어 주신 것이 여러분 속에 머물러 있으니, 여러분은 아무에게서도 가르침을 받을 필요가 없습니다. 그가 기름 부어 주신 것이 여러분에게 모든 것을 가르쳐 줍니다. 그리고 그 가르침은 참이요, 거짓이 아닙니다. 여러분은 그 가르침대로 언제나 그리스도 안에 머물러 있으십시오(요한1서 2장 27절).

여러분이 이 놀라운 삶의 경로를 따라갈 때, 여러분은 성경 안에서 가장 중요한 원리와 원칙을 발견할 것입니다. 그리고 여러분이 보는 것처럼 나는 진실로 제일 먼저 성경을 대하게 됩니다.

두 가지
깊은 초석

성도 여러분, 성령님의 기름 부으심으로 여러분이 계속 나아갈 때, 나는 지구 전체와 온 우주까지 뒤흔든 심오한 두 가지 기초 원리에 대해 논의하고 싶습니다. 그것은 서로 긴밀한 관계가 있는 회개와 그리스도의 보혈입니다.

여러분이 어느 수준에 있건 관계없이, 회개는 기름 부으심을 받기 위한 첫 단계입니다.

자, 많은 항변자의 목소리를 나는 들을 수 있습니다. 「그렇지만 나는 회개했는데요, 나는 거듭났는데요!」

여러분이 거듭났다는 사실에 나는 〈할렐루야〉를 외칩니다. 그렇다고 회개가 여러분 뒤에 있고 더 이상 문제가 되지 않는다는 생각에는 반대합니다.

사도행전 2장 38절을 상기해 봅니다. 오순절 날 예루살렘에서 베드로가 믿지 않는 자들에게 행한 놀라운 설교에 이어 나오는 구절입니다. 성령님의 능력은 예수님의 120명의 제자들에게 임하였고, 이 기적은 여러 방법으로 나타났으며, 특별히 베드로의 설교에 능력을 더해 주었습니다.

성경에서, 듣는 자들이 메시지를 듣고 〈마음에 찔려서 (……) 우리가 어떻게 하면 좋겠습니까〉 하고 베드로와 다른 사도들에게 물었을 때 베드로가 대답했습니다.

> 회개하십시오. 그리고 여러분 각 사람은 예수 그리스도의 이름으로 세례를 받고, 죄 용서를 받으십시오. 그리하면 성령을 선물로 받을 것입니다.(사도행전 2장 38절)

〈회개하여 세례를 받으라〉고 그는 말했습니다. 자, 성령님의 기름 부으심에 관한 핵심 구절과 비교해 보십시오.「그러나 성령이 너희에게 내리시면, 너희는 능력을 받고 (……) 땅끝에까지 이르러 내 증인이 될 것이다」(사도행전 1장 8절)

그래서 성령님이 오신 후에 우리에게 권능을 주시겠다는 약속을 받았습니다. 성령님. 기름 부으심. 능력. 그리고 그것들은 회개한 후에 왔습니다.

그것은 무엇 때문입니까? 바로 〈내 증인이 될 것이다〉라는 말씀 때문입니다. 중요한 말입니다. 여러분은 사람들에게 예수 그리스도에 관해 전도할 수 있는 능력을 받게 됩니다. 여러분이 어떻다는, 즉 잘되었다든지, 전에는 못된 죄를 많이 지었다든지 하는 것에 대해서 세상에 말하는 것이 아닙니다. 아니지요. 여러분의 대제사장에 관해, 여러분의 위대하신 왕에 관해, 예수라는 이름의 놀라운 구세주에 관해 여러분은 그들에게 말해야 합니다. 비어 있는 삶에 그분께서 무엇을 하실 수 있는지 그들에게 이야기해야 하는 것입니다.

다시 한번 나는 불평 소리를 듣습니다. 「무슨 뜻이지요? 능력을 주셨기에 나의 체험들과 간증을 말할 수 있는 것이 아닙니까?」

아닙니다. 성령님께서는 여러분이 해온 일에 영광을 돌리는 분이 아니십니다. 그분께서는 예수님을 중심에 두고 계십니다. 예수님께서 여러분이 천국에 가도록 그동안 이룩하신 바를 성령님께서 세상에 보여 주시는 것이지, 그곳으로 가게 되기까지 여러분이 과거에 행하여 온 일의 경과를 보여 주시는 것이 아닙니다. 「내 증인이 될 것이다.」 여기서 증인은 예수라는 분에 대한, 예수께서 행하신 일에 대한, 예수께서 말씀하신 것에 대한, 〈예수〉께서 약속하신 것에 대한 증인입니다.

사랑하는 여러분, 나는 많은 실수를 해왔습니다. 나는 올바른 말씀만 전한 것이 아니라, 다른 것도 전했습니다. 18년 전 피츠버그에서 진짜 삶을, 진짜 능력을 대하기 전까지, 나는 아주 요란스러운 교회, 말하자면 뜨겁다는 교회에도 참석해 보았습니다. 그들은 소란함을 능력으로 착각하고 있었습니다. 거의 모두가 탬버린을 가지고 있었습니다. 언뜻 보기에 그들은 탬버린이 성령님을 부른다고 생각하였던 것 같습니다. 내가 발견한 것은 덩굴에 덮여 죽어 가고 있는 내 모습이었습니다. 내 안에는 삶이 없었습니다. 나는 교회 안에서 의자에 몸을 움츠리고 앉아 있었기에 손가락 끝에는 피가 통하지 않을 정도였습니다. 주일마다 나는 제단 앞에 나아가 엎드려 울며 성경이 약속하고 있는 능력을 달라고 하나님께 애원했습니다. 많은 사람이 내 위에 손을 얹고 기도를 하였습니다. 나는 내 방에서 홀로 있을 때는 책을 읽었습니다. 그리고 항상 그리스도교 방송을 듣고 탬버린을 흔들며 모든 것을 따라 하려고 노력도 했습니다.

나는 능력의 약속을 알고 있었으며, 나의 것이 될 수도 있다고 믿었습니다. 오늘날 나는 그것이 나의 것이 아니며, 나의 자녀들의 것도 아님을 알고 있습니다.

열쇠는 회개입니다. 그것은 여러분의 행로에 커다란 에너지가 되어, 여러분이 하나님께서 작정하신 목표에 도달할 수 있게 할 것입니다.

회개는 무엇을 뜻합니까?

그럼, 회개는 무엇을 뜻합니까? 무엇을 뜻하는지부터 시작해 봅시다. 그것은 제단 앞으로 나아가거나, 눈물을 뿌리거나 〈주님 잘못했습니다〉라고 반복해 말하는 것을 뜻하지 않습니다.

회개는 매일매일의 체험입니다. 그것은 여러분 자신이 인간적으로 성취할 수 있는 것이 아닌 초자연적인 체험입니다. 그것은 성령님의 선물입니다. 회개는 〈자기의 죄를 숨기는 사람은 잘 되지 못하지만, 죄를 자백하고 그것을 끊어 버리는 사람은 불쌍히 여김을 받는다〉(잠언 28장 13절)고 하신 말씀을 의미합니다. 그것이 진정한 의미입니다. 자복할 뿐만 아니라 버리기까지 해야 합니다.

회개는 죄와 더 이상 상관하지 않을 때까지를 말합니다. 여러분은 무릎을 꿇고 〈주님, 다시는 절대로〉라고 말할 것입니다. 그리고 그 일을 다시는 저지르지 않을 때까지, 여러분은 죄로부터 빠져나올 수가 없는 것입니다.

다시 죄를 짓지 않을 때까지, 여러분은 성령님을 진정으로 마음속에 모실 수가 없으며, 덩굴 속에서 메말라 갈 것입니다. 수많은 크리스천이 교회 안에 앉아서 삶과 능력에 굶주리고 덩굴 속에서 죽어 갑니다. 그들은 말합니다. 「나는 믿음을 가졌어요.」 믿음이라고요? 하나님의 선물이 올 때, 성령님 그분께서 믿음의 삶을 주시는 것입니다.

더욱이, 믿음이란 것은 오랫동안 잘못 이해되고, 남용되어 왔습니다. 사람들은 그것이 산산조각 날 때까지 믿음, 믿음, 믿음을 위해 부르짖고 울었습니다. 그들은 교리를 잘못 사용하고 잘못 해석하여 많은 사람과 같이 혼동하기에 이르렀습니다. 방금 말씀드렸듯이, 믿음은 하나님께서 기꺼이 주신 선물이며, 믿음이 살아 있도록 지켜 주시는 분이 성령님이십니다.

성령님의 기름 부으심으로 가는 첫 단계인 회개를 통해, 여러분의 삶 속에 있는 모든 죄악의 행동이 드러나야 합니다. 간단한 것까지도 모두. 기도를 계속하지 않는 것, 말씀을 읽지 않는 것, 주님을 무시한 것, 여러분의 삶 속에 주어진 놀라우신 임재하심의 선물을 가볍게 다룬 것, 여러분의 대화에서 예수님을 빼놓은 것까지도 회개해야 합니다.

이러한 죄들이 여러분을 메마르게 하고 죽어 가게 만드는 것입니다. 헤아리고 계시는 오직 한 분께 그것들은 실망이 됩니다. 나는 물론이고 여러분도 알다시피, 거기에는 더 추한 것도 있습니다. 더 노골적이고 조악하며, 이따금 더 타락한 것도 있습니다. 그것들은 당연히 빨리 없애야만 합니다.

여러분, 어떻게 그것을 하시겠습니까? 하나님 앞에 나아가서 〈주님, 회개하는 심령을 저에게 주시옵소서〉 하며 기도해야 합니다. 다윗과 같이 〈하나님이여 내 속에 정한 마음을 창조하소서〉, 〈하나님의 구하시는 제사는 상한 심령과 상하고 통회하는 마음입니다〉라고 아뢰어야 할 것입니다. 〈주님, 이 세상의 것들을 사모했던 것을 용서하시옵소서〉, 〈나의 미지근한 신앙을 용서하시옵소서〉, 〈주의 성령을 내게서 거두지 마시옵소서〉.

여러분은 회개를 통해 매일매일 육신과의 싸움에서 성령님의 능력을 받아야 합니다. 그것은 매일의 싸움입니다. 적에게는 〈안 돼, 안 돼, 안 돼〉 하며 하나님께는 〈네, 네, 네〉 하여야 합니다.

여러분, 여러분은 교회를 향해, 또한 우리 자신을 향해 말할 수 있어야 합니다. 「돌아가라. 돌아가서 진실된 마음으로 회개하라.」 우리는 매일 그리스도와 같이 우리를 십자가에 못 박는 것과 같은 삶을 살기 시작해야 합니다. 그렇게 한다면, 성령님께서 우리 곁을 떠나시지 않을까 걱정하지 않아도 될 것입니다. 그분께 우리가 성령으로 충만하게 해달라고 간청하지 않아도 될 것입니다.

자, 한 가지 더 중요한 점을 들어주십시오. 하나님께서는 당신의 자녀들이 언제나 울며 앉아 있기를 원치 않으십니다. 그것이 회개는 아닙니다. 그분께서는 우리가 죄에 대해 민감하고, 즉시 속죄하기를 원하십니다.

회개. 임재하심. 기름 부으심. 예배. 기쁨.

회개 다음에 있어야 할 것은?

성령님의 기름 부으심에 더 가까이 가기 위해서, 지금 언급하는 것 뒤에 숨은 사실, 특별히 첫 단계인 회개의 다음에 있어야 할 것에 대하여 말씀드리고 싶습니다.

성경에서, 선지자 스가랴는 〈너에게는 특별히, 너와 나 사이에 피로 맺은 언약이 있으니, 사로잡힌 네 백성을 내가 물 없는 구덩이에서 건져 낼 것이다〉(스가랴 9장 11절)라며 메시아의 초림(初臨)에 관하여 가르치고 있습니다.

하나님께서는 자녀들에게 새 언약의 피인 그리스도의 보혈이 그들에게 자유함을 줄 것이라고 말씀하십니다. 슬픈 사실은 많은 사람이 어떻게 그 피를 자신들의 삶에 적용할 수 있는지도 모르고, 반드시 적용해서 회개의 자유함과 믿음의 모든 진리를 얻어야 한다는 것도 모른다는 것입니다.

많은 사람이 아직도 묶여 있습니다. 귀신들은 그들을 괴롭힙니다. 질병은 그들과 그들의 자녀들을 칩니다. 혼란이 그들의 평안을 파괴합니다.

그렇게 되지 말았어야 합니다. 성경은 예수 그리스도의 보혈로써 많은 교회가 당면한 혼란과는 정반대로 여섯 가지 사실이 우리의 삶 속에서 일어날 것이라고 우리에게 가르칩니다.

첫째, 에베소서 1장 7절에서는 〈우리는 이 아들 안에서 하나님의 풍성한 은혜를 따라 그의 피로 구속 곧 죄 용서를 받게 되었습니다〉 하고 말합니다. 우리는 그분의 보혈로써 구속함을 받았습니다. 무엇으로부터의 구속입니까? 지금 이 세상을 지배하고 있는 어둠의 왕국, 사탄의 왕국으로부터의 구속입니다. 그리스도께서는 보혈을 우연히 〈흘리신〉 것이 아니라, 알고 〈뿌리셨으며〉, 우리를 구속(시장에서 사용하는 용어로 무엇을 값 주고 샀다는 뜻)하셨습니다.

여러분은 사탄을 똑바로 바라보며, 예수님께서 우리를 하나님의 법으로 정당하게 되사셨기 때문에 그가 우리를 지배할 수 없다고 말할 수 있습니다. 그것을 알고 있습니까? 적에게 공격을 당할 때 여러분은 〈오 하나님, 도와주시옵소서〉 하고 울부짖을 필요가 없습니다. 〈마귀야, 나에게서 네 더러운 손을 떼라〉 하고 여러분은 법적으로 말할 수 있습니다.

둘째, 에베소서 1장 7절에서는 계속 〈그의 피로 구속 곧 죄 용서를 받게〉 되었다고 말합니다. 우리는 그리스도의 보혈로 용서함을 받았습니다. 용서는 어떤 것을 도로 사는 것과는 관계없고, 죄인으로서 여러분이 행한 일을 다룹니다. 하나님께서는 여러분을 구속하시고 나서 여러분이 행한 모든 일을 잊어버리셨습니다. 여러분을 바라보며 아무것도 잘못하지 않았다고 말씀하신다는 뜻입니다. 그분께서는 여러분의 생각으로 저질렀던 것, 그리고 생각의 실행으로 저질렀던 여러분의 〈죄들〉을 잊어버리셨습니다.

사실, 이사야 38장 17절에서는 하나님께서 모든 죄를 당신의 등 뒤로 던지셨다고 말하고 있습니다. 그리고 하나님께서 내던지시면 그것들은 영원히 날아갑니다.

셋째, 요한1서 1장 7절에서, 만약 우리가 빛 가운데 살아가면 〈하나님의 아들 예수의 피가 우리를 모든 죄에서 깨끗하게 해주십니다〉라고 말합니다. 시제가 현재로 되어 있음에 유의하십시오. 그것은 지금의 경험입니다. 용서는 여러분이 행하였던 일을 다루나 깨끗하게 함은 여러분이 현재 하고 있는 일을 다룹니다.

생각해 보십시오, 그리스도의 보혈은 여러분을 구속하고 구원하는 순간에, 여러분이 과거에 행하였던 모든 것을 용서할 뿐만 아니라 현재의 모든 생각과 행실을 깨끗하게 합니다. 만약 여러분이 회개하면, 여러분이 생각하고 있는 것들이 즉시 깨끗해집니다. 보혈에는 엄청난 능력이 있습니다.

넷째, 로마서 5장 9절에서는 〈지금 우리가 그리스도의 피로 의롭게 되었으니, 그리스도로 말미암아 하나님의 진노에서 구원을 얻으리〉라고 말하고 있습니다. 주님의 보혈로 성취된 의롭다 하심은 여러분의 장래, 즉 앞으로 올 진노를 다룹니다. 깜

짝 놀랄 만한 구절입니다만, 여러분이 의롭다 하심을 얻었으면 지금부터 여러분이 하는 모든 일은 그분께서 돌보시게 됩니다.

분명히 다음과 같이 말할 사람이 있을 것이므로 설명이 필요할 것 같습니다. 「그럼, 지금 내가 의롭다 함을 얻었으니, 내일 죄를 짓더라도 하나님께서 돌보아 주실 거야. 방탕하게 지내도 상관없겠지.」 그러나, 여러분이 알면서 고의로 죄를 짓기로 결정하였다면 — 이것이 핵심 구절입니다 — 여러분의 의로움은 창밖으로 훨훨 날아가 버릴 것입니다. 알면서 의도적으로 짓는 죄(짐짓 죄)는 하나님하고는 상관없습니다. 거기에는 회개할 여지도 없습니다. 간단히 말해서, 여러분의 의롭다 함의 지속은 순종에 달려 있으며, 순종은 기름 부으심으로 가는 길임을 잊지 마십시오. 연약함으로, 무지로, 실수로 저지른 죄는 위와 같지 않습니다.

다섯째, 골로새서 1장 20절에서는 〈그분의 십자가의 피로 평화를 이루셔서, 그분으로 말미암아 만물을, 곧 땅에 있는 것들이나 하늘에 있는 것들이나 다, 자기와 기꺼이 화해시켰습니다〉라고 말하고 있습니다. 하나님께서 여러분과 화목케 되시며 하나님과 여러분 사이에는 화평이 있습니다. 주님께서는 여러분을 되찾아와서 아버지와 아들과 성령님과의 친교를 회복해 놓으셨습니다. 〈화목〉의 깊은 뜻은 〈하나님과 하나가 된다〉는 것입니다.

잘 이해하지 못하겠지만 조금만 참으십시오. 성경은 우리가 영광에서 영광으로 변화될 것이라고 말하고 있습니다. 우리는 그곳으로 갈 것입니다. 자, 여러분도 믿음에 의해서 그곳에 있고 또 체험에 의해 그곳으로 갈 것입니다. 믿음은 실체입니다.

여섯째, 베드로전서 1장 2절에서, 〈하나님 아버지께서 여러분을 미리 아시고 성령으로 거룩하게 해 주셔서, 여러분은 순종하게 되고, 예수 그리스도의 피 뿌림을 받게 되었습니다. 여러분에게 은혜와 평화가 더욱 가득 차기를 빕니다〉라고 말하고 있습니다. 헤아리기는 어렵지만, 성경은 여러분이 보혈로써 거룩하게 하심을 받았다고 말하고 있습니다.

거룩함은 기름 부으심과 직접 관련이 있습니다. 기름 부으심은 거룩함 없이는 오지 않을 것입니다. 거룩함이란 〈따로 남겨 두다, 떼어 놓다〉라는 의미입니다.

레위기 14장에 나오는 진영 밖에 거하던 나병 환자를 상기해 보고자 합니다. 제사장이 진영 밖으로 나가서, 피를 취하여, 우슬초를 피에 담갔다가 나병 환자에게 일곱 차례 뿌리면, 나병 환자는 깨끗하게 낫게 된다고 성경은 말하고 있습니다. 그다음, 나병 환자를 진영 안으로 데리고 들어와서 속건 제물의 피를 취하여, 깨끗하게 된 나병 환자의 귀와 엄지손가락과 엄지발가락에 바릅니다. 이것이 중요합니다. 귀는 생각하는 삶을 뜻하며, 엄지손가락은 일하는 삶을 뜻하고, 엄지발가락은 매일 좇는 삶을 뜻합니다. 제사장은 그 다음 그의 귀에, 엄지손가락에 그리고 엄지발가락에 기름을 바르며, 한 손 가득한 기름을 깨끗하게 된 나병 환자의 머리에 붓습니다. 이것은 기름 부으심의 충만함을 뜻합니다. 생각하는 삶, 일하는 삶, 그리고 좇는 삶 위에.

우리 가운데 많은 사람이 이것의 중요성을, 우리가 이미 깨끗하게 되고 진영 안에 있다 할지라도, 단순한 〈교회 생활〉이 아닌 모든 삶에 여분의 보호가 있어야 함을 인식하지 못합니다. 마귀는 우리의 생각에, 우리의 행함에, 우리의 매일매일의 좇음에 일격을 가할 수 있으며 사실 그렇게 하고 있습니다. 따라서 나는 매일 내 아내와 자녀들에게, 가정에, 자동차에 그 밖의 모든 것에 보혈을 적용하고 있습니다.

삶의 여러 분야에 적용한 보혈은 삶을 보호하고, 기름은 삶을 거룩하게 합니다.

자, 주의해서 들으시기 바랍니다. 보혈은 기름에 앞서 있습니다. 주님께서는 여러분이 모든 삶에 보혈을 적용하기 전에는 결코 성령님으로 하여금 여러분에게 기름을 붓도록 하시지 않습니다.

메리 우드워드 에터라는 유명한 부흥 전도자는 전 회중에게 보혈을 적용하였고, 그리하여 하나님의 능력은 기적적인 방법으로 일어났습니다. 성령님은 보혈에 대답하십니다.

간단히 할 수 있습니다

어떻게 여러분과 내가 보혈로 우리 자신의 죄를 덮을 수 있을까요? 로마서 3장 25절은 우리에게 세 가지 열쇠를 주고 있습니다. 「하나님께서는 이 예수를 속죄 제물로 내주셨습니다.

그것은 그의 피를 믿을 때에 유효합니다. 하나님께서 이렇게 하신 것은, 사람들이 이제까지 지은 죄를 너그럽게 보아주심으로써 자기의 의를 나타내시려는 것이었습니다.」

첫째 열쇠는 아는 것입니다. 여러분은 보혈이 무엇을 하는지 알아야만 합니다. 그것에 무지하고서는 어느 누구도 보혈을 적용할 수가 없습니다. 우리는 그것에 대해 공부해야 하고, 배워야 하고, 알아야 합니다. 보혈이 무엇을 했고, 또 무엇을 할 것인지를 알아야만 합니다.

둘째 열쇠는 우리가 알고 있는 것에 대한 믿음입니다. 우리 마음속 깊이 믿음이 자라게 합시다. 어떻게 우리가 이야기하는 것을 믿지 않고서 보혈을 적용할 수 있겠습니까?

셋째 열쇠는 우리가 알고 있는 것에 대한 믿음의 선포입니다. 선포한다는 것은 크게 입 밖으로 말한다는 의미입니다. 만약 우리가 알고 믿는다면, 그것에 대해 말하게 될 것입니다. 마법이나 미신적인 것을 통해서가 아니라, 결코 거짓말을 하시지 않는 하나님에 대한 믿음으로 말입니다.

아주 간단히 할 수 있습니다. 「기록되기를 예수님의 보혈을 통하여, 나는 죄 사함을 받았노라. 나는 용서받은 자다. 기록되기를 그리스도의 보혈로써 구속함을 받았노라. 나는 되찾은 자이다. 기록되기를 나의 생각과 행함을 매일의 좋은 삶에 그리스도의 보혈을 적용할 수 있다고 했노라. 나는 보혈을 적용하며, 나의 모든 삶은 보호될 것이다.」

보혈의 능력

보혈의 능력은 진실로 끝이 없습니다. 이 사실을 우리는 성경 66권 중 그 어디에서라도 발견할 수 있습니다. 히브리서에서 나타난 그리스도의 보혈은 다음과 같습니다.

악마를 멸하십니다(2장 14절).

죽음의 공포를 해방시킵니다(2장 15절).

여러분의 양심을 깨끗하게 하십니다(9장 14절).

하늘을 깨끗하게 하십니다(9장 23절).

담대함을 주십니다(10장 19절).

영원한 언약을 주셨습니다(13장 20절).

두 번째 나타나심을 보증하셨습니다(9장 28절).

여러분, 이제 여러분에게 주어진, 혹은 주어지고 있는 기름 부으심을 보유하고 유지할 수 있는 단계로 나아가야 합니다.

예수님의 예

소속 교회에서 나는 계속해서 사람들의 주의를 환기시키며 말했습니다.「만약 여러분이 기름 부으심을 원한다면, 누구에게라도 예수님에 관해 전하십시오.」결국에는 우리가 잃은 영혼을 놓고 사탄과의 싸움에 처해 있다는 것을 모든 사람이 알게 되었습니다. 그리고 마귀와의 싸움에는 기름 부으심이 필요합니다.

사람들이 또는 교회가 섬기는 일을 그만둔다면, 즉 특별히 예수님에 대해 전하는 일을 중지한다면 누구에게서든 기름 부으심은 떠날 것이라고 나는 확신합니다. 결국 그것은 영적인 싸움이며, 하나님께서는 우리가 당신의 영광을 위해서 그것을 사용하길 원하십니다.

주님께서는 최근의 수요일 저녁 예배 시간에 강한 말씀으로 나에게 다가오셨습니다. 교회는 지역 사회와 세계에 그리스도의 증인으로서 퍼져 나가야 된다고 강조하셨습니다. 즉시 나는 도움을 필요로 하는 사람들을 위해 일련의 가르침을 시작하겠다고 사람들에게 약속했습니다. 그러므로 전 교인은 활동적인, 누구에게나 강한 증인이 될 것입니다.

그날 밤 나는 이사야 61장의 놀라운 첫 구절과 마주쳤습니다. 「주 하나님의 영이 나에게 임하셨다.」

얼마나 놀라운 말씀입니까! 예수님께서 이 땅 위에서 당신의 사역을 시작하셨을 때 사람들에게 사용하셨던 말씀입니다. 누가복음에 의하면 주님께서는 그때 〈성령이 충만〉하셨다고 합니다. 완전하신 하나님이신 동시에 완전한 인간이신 예수 그리스도께서도, 우리가 지금 하는 것과 같이, 사탄과의 싸움에 임하시기 위해 성령님으로 충만되셨다는 것을 많은 사람은 모르고 있습니다.

이 구절에서 보면 예수님은 세례 요한에게 세례를 받으시는 동안 이미 성령에 의해 기름 부으심을 받으셨으며, 그것은 광야에서 사탄의 유혹을 받으시기 전의 일이었습니다. 예수님은 〈자기의 규례대로〉 나사렛에 있는 회당으로 들어가셔서 성경을 읽으려고 서 계셨습니다. 그분께서는 이사야의 글을 받으셔서 다음과 같이 기록된 데를 찾으셨다고 누가는 말하고 있습니다.

주님의 영이 내게 내리셨다. 주님께서 내게 기름을 부으셔서, 가난한 사람에게 기쁜 소식을 전하게 하셨다. 주님께서 나를 보내셔서, 포로 된 사람들에게 해방을 선포하고, 눈먼 사람들에게 눈뜸을 선포하고, 억눌린 사람들을 풀

어 주고, 주님의 은혜의 해를 선포하게 하셨다.(누가복음 4장 18~19절)

누가는 예수님께서 앉으시니 〈회당에 있는 모든 사람의 눈은 예수께로 쏠렸다〉라고 우리에게 말하고 있습니다. 나는 이 〈쏠렸다〉는 말을 좋아합니다. 그들은 하나님의 임재하심과 능력이 그들 가운데 있음을 느꼈습니다. 그들이 바라보는 동안, 예수님께서는 그들이 전에 느껴 보지 못한 능력을 왜 지금 느끼게 되는지를 그들에게 말씀해 주셨습니다. 「이 성경 말씀이 너희가 듣는 가운데서 오늘 이루어졌다.」

「내가 바로 그니라.」 예수님께서 말씀하신 것입니다. 「내가 바로 이사야가 기록한 그니라.」 여러분은 예수님의 사역 기간을 통하여, 또한 부활하신 후에도, 성경이 그의 증인이 된다고 말씀하신 것을 기억하기 바랍니다. 구약 성경은 여러 가지 방법으로 오는 왕국과 오시는 왕에 대하여 기록했습니다. 그리고 주님께서는 사도들이 나중에 하였듯이 자주 이 증거를 말씀하셨습니다.

그분에게 놀라서 주목하였던 자들이 곧 일어나서 낭떠러지에서 그분을 밀치려고 하였으니 기이한 일이 아닙니까?

이 구절은 기름 부으심이 주님에게 임하셨던 것을 가리킬 뿐 아니라, 그 밖의 여러 가지 이유를 담고 있습니다. 복음을 전파하고, 상한 마음을 고치고, 포로된 자에게 자유를 선포하고, 기적을 나타내며, 눌린 자를 자유케 하고, 주의 은혜의 해를 전파하기 위한 것이었습니다.

그리고 그것은 우리에게도 마찬가지입니다.

무엇보다도 먼저, 우리가 기름 부으심을 원한다면, 우리는 〈가난한 자에게 복음을 전해야〉 합니다. 결국은 그것이 성령님께서 증인이 되실 여러분 위에 임하시는 목적입니다.

왜 여기서 〈가난한 자〉라고 말할까요? 예수님께서 자주 돈과 거처가 없는 자들을 말씀하신 것은 사실입니다. 그러나 그것 이상의 뜻이 담겨 있습니다. 우리 모두는 주님 없이는 영적으로 가난한 자들입니다. 그래서 우리는 복음을, 기쁜 소식을, 그리고 좋은 기회를 전파하는 것입니다.

이사야와 누가에 의하면 기름 부으심은 〈마음 상한 자〉에게도 왔습니다. 세상에 가득한 마음 상한 자들에게 얼마나 기쁜 소식입니까! 우리가 도구가 된다면 성령님께서 얼마나 많은 일을 하시겠습니까! 그분께 필요한 것은 쓰실 수 있도록 비워진 그릇들입니다. 오늘 여러분도 그 그릇들이 되시지 않겠습니까? 그분께서 여러분을 그 그릇들로 만드시도록 간구하십시오. 지금!

기름 부으심이 없는 복음 전파와 증인됨은 상한 마음을 가진 자들에게 아무 도움도 되지 않을 것입니다. 여러분이 알고 있는 주위 환경에 좌절한 남녀들과 어린아이들이 치유될 수 있음을 생각하십시오. 고독한 자들, 두려워하는 자들, 쫓겨난 자들, 자살하려는 자들, 극빈자들, 불쌍한 고집쟁이들, 그리고 그 가족들을 생각해 보십시오. 상한 마음을 가진 자들이 더 많이 있을 것입니다. 오직 기름 부으심만이 그러한 사람들을 치유할 것입니다. 바로 그것이 성경이 말하는 것입니다.

자유함을 전파

〈포로된 자에게 자유함을 전파〉하기 위해 주 예수님께서는 또한 기름 부으심을 받으셨습니다. 마귀에게 묶여 있거나, 고통당하거나, 상한 자들에게 자유함을 전파하셨습니다.

현대인들은 웃을 것입니다. 그러나 오늘날에도 자유함이 필요한 자들은 얼마든지 있습니다. 매일 신문이나 TV 뉴스를 채우고도 남는 멍에를 진 사람들, 술과 마약에 중독된 사람들, 매음하는 자들, 사이비 종교에 빠진 자들, 미신을 좇는 자들, 물질 만능주의자들을 생각해 보십시오.

주 예수님께서는 마가복음 16장 17절에서 〈내 이름으로 귀신을 쫓아내며〉라고 말씀하셨습니다. 성령님은 사탄의 세력을 멸할 수 있는 지구상의 유일한 능력이십니다. 그리고 그 능력을 여러분에게, 믿는 자들에게 주셨습니다. 성도 여러분, 우리는 계속 나아가야 합니다.

예수님께서는 또한 〈눈먼 자에게 다시 보게 함을 전파〉하시기 위해 기름 부으심을 받으셨습니다. 눈먼 자들 속에는 육체적인 눈먼 자만이 아니라 영적으로 눈먼 자들도 포함되어 있습니다. 예수님은 두 종류의 사람들 모두에게 응답이 되십니다.

예수님께서나 우리가 해야 할 일 중에는 또한 〈눌린 자를 자유케 함〉이 포함되어 있습니다.

포로된 자들이 세상 모든 나라에서 무서운 파괴를 널리 자행하고 있습니다. 그것은 오직 하나님의 능력으로만 막을 수 있습니다. 현세를 덮고 있는 어둠의 지배자는 억압의 대가이지만, 하나님의 능력에 패배당할 것입니다. 사랑하는 여러분, 그렇기에 〈내 증인들〉은 전능하신 하나님의 능력인 성령님의 기름 부으심을 받아야만 합니다.

예수님께서 마지막으로 인용하신 것은 〈주의 은혜의 해를 전파〉하신 것입니다. 이는 바로 은혜의 시대를 선포하신 것입니다. 세상의 종말이 오기 전에 인간들에게 구원을 주신 구세주가 오신 것입니다.

다가올 시대

성경은 자주 종말에 대해 이야기합니다. 우리의 목적이기도 한, 그 시대가 다가옴으로써 믿는 자들에게 충족되어야 할 것을 성령님께서 내게 보여 주셨는데, 그것을 여러분과 나누길 원합니다.

성경은 사도행전에서 우리에게 말하고 있습니다.

여러분은 회개하고 돌아와서, 죄 씻음을 받으십시오. 그러면 주님께로부터 편히 쉴 때가 올 것이며, 주님께서는 여러분을 위해서 미리 정하신 그리스도이신 예수를 보내실 것입니다.(사도행전 3장 19~21절)

이 예수는 영원 전부터, 하나님이 자기의 거룩한 예언자들의 입을 빌어서 말씀하신 대로 만물을 회복하실 때까지, 마땅히 하늘에 계실 것입니다. 성령님께서 베드로를 통해서 말씀하시기를, 약속된 모든 것이, 선지자를 통해서 선포된 모든 것이 예수 그리스도께서 이 땅에 다시 오시기 전에 때가 차면 이루어질 것이라고 하셨습니다.

주님의 성령께서 나를 이사야 35장으로 인도하셔서서 우리에게 곧 다가올 것, 즉 믿는 자들에게 약속된 것들을 보여 주셨습니다. 나는 그것을 여러분과 함께 나누기를 원합니다. 구약에 기록된 것들은 이 은혜의 시대에 여러분과 내가 받을 것들의 그림자였음을 기억하기 바랍니다. 구약 시대의 선지자들이 선포했던 것들의 실체를 우리 모두 좇아 봅시다.

이사야 35장은 이렇게 시작됩니다.

광야와 메마른 땅이 기뻐하며, 사막이 백합화처럼 피어 즐거워할 것이다. 사막은 꽃이 무성하게 피어, 크게 기뻐하며, 즐겁게 소리 칠 것이다. 레바논의 영광과 갈멜과 샤론의 영화가, 사막에서 꽃 피며, 사람들이 주님의 영광을 보며, 우리 하나님의 영화를 볼 것이다.(이사야 35장 1~2절)

나처럼 이스라엘에서 자라난 이라면, 성경에서 광야를 말할 때 무엇을 뜻하는지를 이해할 것입니다. 거기서 뱀과 전갈과 죽음과 가뭄을 발견할 것입니다. 이것은 뱀과 전갈과 같이 영적 가뭄 속에서 메말라 가는 믿는 자들을 상징합니다. 그러나 하나님께서는 메마르고 빈 삶을 하나님의 풍요하신 능력으로 축복해 주실 날이 올 것이라고 약속하셨습니다. 메마르고 빈 곳에 축복이 임할 때 우리의 삶은 얼마나 달라지겠습니까!

이사야는 계속해서 〈레바논의 영광을 얻을 것이라〉고 말하였습니다. 북쪽 레바논에서 바람이 불어오면 그때나 지금이나 레바논의 아름다운 백향목 향기를 맡았던 나의 어린 시절을 기억합니다. 성경에서 말하는 레바논의 영광이란 이 백향목 향기를 뜻하는 것입니다. 이사야가 아름다운 향기를 말하는 것은 여러분의 사막 위의 삶, 즉 여러분의 영적 삶을 변화시킬 하나님의 임재하심으로 인한 새로운 분위기를 예견하는 것입니다.

계속해서, 선지자는 〈갈멜과 사론의 아름다움〉을 말하고 있습니다. 이스라엘의 사론은 오늘날 중동 지방에서 가장 기름진 계곡입니다. 그 지역에는 부근에서 가장 아름다운 꽃들이 피어 있습니다. 갈멜도 마찬가지입니다. 이사야는 여기에서 하나님 말씀의 새로운 계시인 그 씨앗에서 아름다운 열매가 열리게 될 것이라고 말하고 있습니다.

이어서 〈사람들이 주님의 영광을 보며, 우리 하나님의 영화를 볼 것이다〉라고 이사야는 말하고 있습니다. 그는 하나님의 영광에 대한 미래의 새로운 구상을 말하는 것입니다. 우리가 앞서 7장에서 주님의 영광에 대해 논할 때 무엇을 발견하였던가요? 출애굽기 33장 18절에서 모세가 주님의 영광을 보여 달라고 간청한 것을 상기할 것입니다. 그리고 출애굽기 34장 5~6절에서 하나님의 속성과 성품을 보았습니다. 달리 말하자면 이사야는 하나님께서 마련하신 새로운 구상을 우리가 보게 되리라는 것입니다.

그래서 이것을 종합해 보면, 우리의 삶 주위에 새로운 분위기와 하늘로부터 새로운 말씀과 말씀에 대한 새로운 계시와 그분의 새로운 구상을 주시려는 하나님의 의도를 알 수 있습니다. 그러한 것들이 일어나면 죽음과 가뭄에 찌든 광야 같은 우리의 생활은 약속된 땅으로 바뀔 것입니다.

이사야 35장은 더 많은 것을 말합니다.

> 너희는 맥풀린 손이 힘을 쓰게 하여라. 떨리는 무릎을 굳세게 하여라. 두려워하는 사람을 격려하여라. 〈굳세어라. 두려워하지 말아라. 너희의 하나님께서 복수하러 오신다. 하나님께서 보복하러 오신다. 너희를 구원하여 주신다〉 하고 말하여라. (이사야 35장 3~4절)

거기에는 세계적인 복음 전도가 일어날 것입니다. 새로운 분위기와 새로운 계시와 하나님의 새로운 구상으로 변화된 자들은 약한 손이 강하게 되며, 떨리는 무릎이 굳게 되어 세상을 향해 말할 것입니다. 「두려워하지 말아라. 너희를 구원하여 주신다!」

물론, 이 예언은 천년 왕국 시대의 이스라엘을 말하고 있는 것입니다. 그러나 그것은 신약(은혜) 시대의 실체의 그림자로, 여러분과 나에게 영적으로 적용되고 있습니다. 확실히 우리 주위를 둘러보면 광야 같은 것을 보게 됩니다. 하나님께서는 우리를 위해 변화시키시며 우리는 전례가 없는, 우리가 세계를 향해 사역해 나가는 것과 같은, 세계적인 복음 전도를 보게 될 것입니다.

그리고 이사야는 이 변화된 광야에 어떤 다른 결과가 온다고 이야기하고 있습니까? 이사야 35장 5~6절을 다시 보면 눈먼 사람의 눈이 밝아질 것이며, 귀먹은 사람의 귀가 열릴 것이며, 다리를 절던 자가 뛸 것이며, 말을 못 하던 혀가 노래할 것이라고 했습니다. 이것이 바로 기적입니다. 하나님의 초자연적인 능력이 육신의 치유를 위해 나타날 것입니다.

수년 전 캐서린 쿨먼 여사의 예언이 생각납니다. 그녀는 그녀 특유의 방법으로 예언하기를, 주님이 오시기 전에 하나님께서 능력을 강하게 나타내시어 모든 자가 치유받을 날이 올 것이라고 말했습니다. 〈주님의 몸된 교회 안에는 병든 성도가 하나도 없을 것입니다〉라고 그녀는 말했습니다.

습관적으로 한 손은 허리 밑부분에 걸치고 손가락으로 가리키면서 〈오늘일 수도 있겠지요?〉 하고 말하였던 것을 기억합니다.

물론, 그녀는 그날을 보지 못했지만, 그날은 올 것입니다. 성령님께서 내게 확신을 주셨습니다.

우리는 하나님의 자녀들에게 그와 같은 방법으로 나타내실 하나님의 뜻하심에 관해 회의(懷疑)를 가져서는 안 됩니다. 치유를 포함한 초자연적인 것을 준비하고 계심을 뒷받침할 만한 증거를 성경에서 찾을 수 있습니다. 예를 들면 시편 105편 37절에는 하나님께서 애굽에서 이스라엘 백성들을 이끌어 내실 때에 관해 하신 말씀이 있습니다. 「그 지파 가운데서 비틀거리는 이가 한 사람도 없었다.」 이것은 영속될 건강에 관한 굉장한 말씀입니다. 단순한 신적인 치유가 아니라, 영구적인 치유인 신적인 건강을 말하는 것입니다. 나는 모든 믿는 자들이 건강해질 날이 곧 올 것으로 확신합니다.

여기에 요점이 있습니다. 하나님께서 모세의 율법 아래 있는 모든 자를 치유하셨다면, 하물며 은혜 아래 있는 자들은 얼마나 더 많이 치유하시겠습니까? 더욱이, 예수님께서는 이 땅 위에서 사역하시는 동안 율법 시대 아래 있던 자들을 치유하셨습니다. 그것을 감안할 때 은혜의 시대에 있는 자들은 얼마나 더 큰 치유를 받겠습니까?

그래서 우리의 광야는 아름답게 변화될 것이라는 이사야의 예언은 조금도 이상할 것이 없습니다. 하나님께서는 세계적인 복음 전도 기간 동안에 기적적인 치유의 역사를 보여 주실 것입니다.

거기서 그치지 않고 이사야 35장에서 계속해서 세 번째 결과를 보여 줍니다.

그 때에 다리를 절던 사람이 사슴처럼 뛰고, 말을 못하던

혀가 노래를 부를 것이다. 광야에서 물이 솟겠고, 사막에 시
냇물이 흐를 것이다. 뜨겁게 타오르던 땅은 연못이 되고, 메
마른 땅은 물이 쏟아져 나오는 샘이 될 것이다.(이사야 35장
6~7절)

강력하고 새로운 기름 부으심이 우리의 광야 생활에 올 것
이며, 생명수의 강은 가득 차서 우리에게서 넘쳐날 것입니다.
이것은 작은 일이 아닙니다. 그것은 시냇물이나, 못이나, 샘물
이 두 배 이상 넘쳐나는 것과 같습니다. 그것은 강력하신 성령
님의 세계가 될 것입니다.

그 날에 성령님의 움직이심은 우리를 통해 일어날 것입니
다. 요엘 2장 28절과 사도행전 2장 17절에 나와 있듯이 그분
의 영을 그냥 부어 주시는 것이 아니라, 쏟아부어 주신다고 하
나님께서 말씀하신 것입니다. 하나님께서 우리를 사용하실 것
입니다.

이사야가 예언한 이 변화의 네 번째 결과가 여기 있습니다.

승냥이 떼가 뒹굴며 살던 곳에는, 풀 대신에 갈대와 왕골
이 날 것이다.(이사야 35장 7절)

하나님께서 당신의 백성들을 모두 귀신의 영향으로부터 자
유케 하실 것입니다. 누워서 풀과 갈대를 상하게 하던 승냥이
떼는 귀신들을 가리키며, 그들이 도망간 자리가 자연 상태로

회복될 것임을 이 구절은 말해 주고 있습니다.

다섯 번째 결과는 주님의 몸된 자들에게 거룩함이 올 것으로 그려지고 있습니다.

> 거기에는 큰길이 생길 것이니, 그것을 〈거룩한 길〉이라고 부를 것이다. 깨끗하지 못한 자는 그리로 다닐 수 없다. 그 길은 오직 그리로 다닐 수 있는 사람들의 것이다. 악한 사람은 그 길로 다닐 수 없고, 어리석은 사람은 그 길에서 서성거리지도 못할 것이다.(사도행전 35장 8절)

거룩함은 너무나 강하여 두 마음을 가진 자라고 할지라도 정착이 될 것입니다. 그들은 이리저리 방황하는 것을 그만둘 것입니다.

여섯 번째 결과는 이것입니다.

> 거기에는 사자가 없고, 사나운 짐승도 그리로 지나다니지 않을 것이다. 그 길에는 그런 짐승들은 없을 것이다. 오직 구원받은 사람만이 그 길을 따라 고향으로 갈 것이다.(이사야 35장 9절)

아주 분명히, 사탄과 그의 귀신들은 그리스도의 몸된 자들로부터 완전히 없어질 것입니다.

다음은 마지막입니다.

주님께 속량받은 사람들이 예루살렘으로 돌아올 것이다. 그들이 기뻐 노래하며 시온에 이를 것이다. 기쁨이 그들에게 영원히 머물고, 즐거움과 기쁨이 넘칠 것이니, 슬픔과 탄식이 사라질 것이다.(이사야 35장 10절)

이 순간에 휴거가 일어날 것으로 나는 믿고 있습니다. 우리가 이 세상을 떠나갈 때, 오직 슬픔과 탄식만이 달아날 것입니다.

이보다 큰 것도 하리니

성경은 이러한 일들이 주님으로부터 올 것이라고 선포하고 있습니다. 우리 주위를 돌아볼 때 의심할 여지는 전혀 없습니다. 성경의 다른 곳에서 예수님께서〈그보다 더 큰일도 할 것이다. 그것은 내가 아버지께로 가기 때문이다〉(요한복음 14장 12절) 하고 말씀하셨습니다.

깜짝 놀랄 일이 아닙니까? 성경은 예수님께서 하실 수 없었던 일을 우리가 할 수 있다고 말하는 것입니다. 여러 해 동안 이 구절은 나를 당황케 하였습니다. 나는 생각했습니다.〈주님께서 하신 것보다 큰일이란 무엇인가? 죽음에서 일으킨 것보다, 귀신들을 쫓은 것보다, 바다를 잠잠케 한 것보다, 바람을 잠잠케 한 것보다, 하반신 장애인, 눈먼 사람, 청각 장애인을 치유하신 것보다 큰 것? 무엇이 더 큰 것일까?〉

어느 날 무언가 나의 삶을 변화시키고도 남을 만한 것을 주님께서 내게 계시해 주셨습니다. 죽은 나사로를 일으키시고 바다를 잠잠케 하신 주님께서 이렇게 말씀하실 수는 없으셨던 것입니다.

「나를 보아라, 하나님의 은혜로 죄인이 구원되었도다. 한때 잃었던 생명을 다시 찾았고, 광명을 얻어 다시 보게 되었으며, 매였던 내가 지금 자유롭도다.」

죄는 살아 계신 하나님의 흠 없으신 아들을 절대 범할 수가 없었습니다. 그분은 완전한 삶을 사셨던 유일한 분이십니다.

그러나 오늘날 여러분과 나는 어둠의 세상 앞에 서서 말할 수 있습니다. 「나를 보라, 그리고 예수님께서 하신 일을 보아라.」 이사야가 계시받은 대로 우리의 광야 생활이 변화하는 가운데 앞으로 올 새로운 기름 부으심은 우리를 그분의 증인이 되게 하실 것이며, 전에 없었던 더 큰일도 할 수 있을 것입니다.

생각해 보십시오. 우리 위에 성령님의 기름 부으심이 강하게 나타날 그날이 오면, 우리는 세계적인 복음 전도를, 모든 곳에 초자연적인 능력을, 새로운 기름 부으심의 능력을, 그리스도의 몸 안에서 모든 귀신에게 영향을 받던 자들의 해방을, 교회를 통한 거룩함을, 믿는 자들 사이에 사탄의 완전한 사라짐을, 주님의 재림과 휴거를 보게 될 것입니다.

얼마나 흥분되는 시간일까요! 여러분의 광야 생활을 변화시킬 대가를 지불할 준비가 되셨습니까?

담대함

주님께서 언급하신 우리가 해야 할 큰일에 대한 것이 여기 있습니다. 정말 주님께서는 하실 수 없으셨어도 우리만이 할 수 있는 일이 있음을 알아야 합니다. 충분히 이해하고 보면, 그렇게 말한다고 해서 신성 모독이나 잘못을 범하는 것이 아니라는 생각이 들 것입니다.

예수님께서는 하실 수 없으셨어도 우리는 할 수 있는 일이 이것입니다. 그분께서는 하나님의 아들에 대한 믿음을 통해 은혜로 구원되었다고 간증하실 수가 없었습니다. 그러나 여러분과 나는 할 수 있습니다. 우리는 누구에게나 그분에 관해, 그리고 어떻게 그분께서 우리를 구원하셨는가를 증인으로서 말할 수 있습니다.

여러분, 인간들을 구원에 이르도록 인도하는 것보다 더 큰일은 있을 수 없습니다. 할렐루야! 지금 이 순간도 교회들이 주님께서 이 땅 위를 걸으시며 하신 일보다 더 큰일, 그러한 일을 해야만 하는 시간입니다. 우리는 반드시 기름 부으심을 받아야 하며, 그래야만 우리의 임무가 하나님의 능력으로 성취될 수 있을 것입니다.

내가 또한 강조하기를 원하는 단어가 〈담대함〉입니다. 기름 부으심이 왔을 때 여러분은 그것과 같이 행하고 달려야 합니다. 그렇지 않으면 여러분을 위해 준비되어 있는 것을 놓치게 될 것입니다. 성령님께서 여러분 곁을 지나가시는데도 그분의 영광의 손길을 붙들지 못한다면 그분께서는 다시는 그와 같이 여러분 곁을 지나시지 않을 것입니다.

여러분이 날아가는 기분에 도취되는 것 같은 기름 부음은 원하지 마십시오. 하나님의 성령님께서 여러분의 삶에 임하시면, 여러분이 어떤 편안한 장소에 앉아서 〈오, 정말 기분이 좋군! 이런 놀라운 느낌을 더 받았으면 좋겠네!〉 하고 말하도록 인도하시지는 않습니다. 절대 아닙니다. 그분께서는 여러분 안에 무거운 짐을 안겨 주십니다. 길 잃은 영혼을 찾고 병든 자를 위해 기도해야 하는 부담을 말입니다. 그러기 위해서는 담대해져야 합니다. 진실되고 순수한 담대함이 있어야 합니다. 성령님께서는 여러분이 순종하는 한, 여러분을 실망시키시지 않을 것입니다. 여러분 그렇게 되기를 원합니까?

주님의 음성

성경이 말하고 있는 것 중의 하나가 분명히 이 변화로 우리는 주님과 그분의 영광을 알게 되고, 그분의 음성을 듣게 되리라는 사실입니다. 이 장을 마치기 전에 매우 중요한 하나님의 음성을 분별하는 방법을 말씀드리고자 합니다. 왜냐하면 그분의 음성을 알게 됨으로써 그분의 능력을 우리가 알 수 있기 때문입니다.

사도행전 1장 4절에 부활하신 주님께서 사도들에게 예루살렘을 떠나지 말고 〈내게서 들은 아버지의 약속을 기다려라〉하고 명하셨습니다. 그들이 8절에 말한 권능을 받을 것이라고 주님께서 말씀하시기 전에 그들은 이미 주님의 음성을 알고 있었습니다.

여러분이 주님의 음성을 알고 있다면, 사도행전 8장 26절 이하에 어느 날 빌립에게, 남쪽으로 나아가서 예루살렘에서 가사로 내려가는 길까지 가서 마차에 타고 있는 에티오피아 고관을 만나도록 인도하신 것과 같이 여러분을 인도하실 것입니다. 성령님께서 빌립에게 달려가서 고관을 만나라고 말씀하셨고, 그는 그를 만나 마차에 올라 앉아 이야기를 시작했으며, 그가 읽는 성경 구절을 들었습니다. 내시가 그 구절의 뜻을 묻자 〈빌립은 입을 열어서, 이 성경 말씀에서부터 시작하여, 예수에 관한 기쁜 소식을 전하였다〉(사도행전 8장 35절), 그 사람이 변화되어 세례를 받았습니다.

아주 간단히 빌립이 성령님께 순종하였기 때문에 그가 〈입을 열 때〉 그리고 〈예수를 가르칠 때〉 기름 부으심이 분명하게 나타났습니다. 음성을 듣고 순종하는 것은 기름 부으심을 받는 중심입니다.

여러분이 예수님의 증인이 될 때 여러분에게도 또한 기름 부으심이 올 것입니다. 기름 부으심이 왔는데도 불구하고, 여러분이 그분의 손길을 받아들이지 못하면 그분께서 다시는 그와 같은 방법으로 여러분 곁을 지나시지 않을 것이기 때문에, 여러분은 하나님의 손길에 반드시 응해야 합니다.

기름 부으심을 보호하고, 소중히 여기십시오. 여러분이 성령님을 알고 그분께서 어떻게 움직이시는지를 알게 될 때, 언제든 여러분은 준비되어 있을 것입니다. 가끔 그분께서는 여러분이 쫓아가지 못할 정도로 매우 빨리 움직이십니다. 그렇기 때문에 빌립이 달려갔을 것으로 나는 믿고 있습니다. 그는 하나님을 위해 한 영혼을 구할 기회가 왔음을 알았던 것입니다. 그렇지 않을 때에는 성령님께서 천천히 움직이시므로 여러분은 그분의 인도하심을 기다리며, 그분과 같이 움직여야 합니다. 기억하십시오. 그분께서는 여러분을 따르지 아니하시므로, 여러분이 그분을 따라야 합니다.

여러분은 어떻게 그분의 음성을 들을 수 있는지를 배워야 합니다. 그분의 음성을 알지 못하고는, 그분의 능력을 알지 못할 것입니다. 앞에서 언급했듯이, 사도행전 1장 4절과 8절에서 사도들은 주님의 음성을 듣기 전에는 능력을 받지 못했습니다. 필연적으로 그분께서는 그분의 왕국을 위해 영혼들을 구하도록 여러분을 인도하실 것입니다.

여러분, 요한복음 10장 3~4절에서는 예수님께서 분명하게 우리를 부르실 때 이름을 각각 불러 인도하신다고 하였습니다. 여러분, 그분의 음성을 듣고 있습니까? 예수님께서 당신의 양들은 당신의 음성을 알기 때문에 당신을 따를 것이라고 말씀하셨습니다. 요한복음 10장 27절에 나와 있듯이 예수님께서는 이 중요한 메시지를 모든 믿는 자들에게 반복하여 말씀하셨습니다.

「내 양들은 내 목소리를 알아듣는다. 나는 내 양들을 알고, 내 양들은 나를 따른다.」 만약 여러분이 예수님을 안다고 주장하신다면, 여러분은 그분의 음성을 들어야 하고, 여러분의 삶 속에서 그분의 인도하심을 따라야 합니다.

그리고 그보다 더 중요한 것이 있습니다. 우리는 그분을 매일 따라야 합니다. 그분의 음성을 매일 들어야 합니다. 시편 95편 7절은 우리가 매일, 오늘도, 하나님의 음성을 들어야 한다고 말하고 있습니다. 문제는 오늘 하나님께서 여러분에게 말씀하시는 것에 있지 않고, 여러분이 오늘 그분께서 말씀하시는 것을 듣고 있느냐에 있습니다.

그들을 알고, 그들을 사랑하고, 당신의 평강 안에서 그들을 인도하시기를 원하시는 하나님의 음성을 왜 사람들은 듣지 못할까요? 한 가지 이유는 우리가 듣는 것을 거부하는 데 있습니다. 시편 95편 8절에서는 하나님에게서 돌아서서 마음을 완고하게 하지 말라고 우리에게 경고합니다.

여러분은 하나님의 음성을 듣기 위해 그분과 함께 있기를 원해야 합니다. 기도와 예배에서 그분과의 친교가 있어야 합니다. 여러분이 아직 죄 속에 살고 있고, 회개하지 않고 있다면, 이제는 그분의 은혜와 자비하심으로 그분께 돌아가야 합니다. 히브리서 12장 25절에서 경고하듯이 우리는 그분을 거부하지 말아야 합니다.

그러면, 오늘 여러분의 삶 속에서 주님의 임재하심 속 하나님의 음성을 듣기 위해서는 무엇을 해야 합니까?

첫째, 이사야 30장 15절과 21절에서 말하고 있듯이, 그분께서 모든 단계마다 지시하시는 것과 같이, 하나님 앞에 돌아와서 잠잠하고 신뢰하며 하나님의 음성을 들을 수 있도록 산

만한 마음으로부터 물러서야 합니다. 먼저 하나님께 주의를 기울여야만 합니다.

둘째, 여러분이 기도 중에 여러분의 음성을 그분께 드리는 것같이, 여러분도 그분의 음성을 응답으로 들을 수 있을 것입니다. 하지만 성령님의 임재하심이 없다면 여러분은 하나님의 음성을 결코 알 수가 없음을 기억하십시오. 여러분이 산만함으로부터 물러서서 성령님께서 여러분 위에 임하시도록 할 때 하나님께서 말씀하십니다.

다음으로, 예수님께서는 계속해서 하나님의 뜻을 구하셨기 때문에 하나님의 음성을 들으셨습니다. 그분께서는 순종하셨기 때문에 그 음성을 들으셨습니다(요한복음 5장 30절).

마지막으로, 의에 주리고 목마른(마태복음 5장 6절) 우리를, 그리고 기도하며 그분을 찾는(역대하 7장 14절) 우리를 하나님께서 부르십니다.

오늘날, 하나님께서는 그분 앞에 돌아오도록 여러분을 부르고 계십니다. 잠시 귀를 기울여 보십시오. 하나님의 음성을 들으실 것을 나는 알고 있습니다. 여러분의 삶 속에 그분의 능력이 있음을 알고 싶습니까? 지금 잠잠히 하고 그분께서 말씀하시도록 하십시오. 〈이것이 바른 길이니 이 길로 가거라〉(이사야 30장 21절) 하고 오늘도 말씀하시는 그분에게 귀를 기울이십시오. 그러면 여러분은 그분의 임재하심과 능력을 체험하게 될 것입니다.

15

여러분의
기름을
바꾸십시오

성경은 가끔 성령님의 기름 부으심을 기름으로 비유합니다. 두 가지 다 느낄 수 있으며 경험할 수 있습니다. 기름의 품질이나 성질을 관찰해 보는 것이 성령님의 사역을 이해하는데 실제 도움이 될 수 있습니다.

예를 들면 기름은 규칙적으로 다시 부어 주지 않으면 증발해 버리고 언젠가는 하나도 남지 않고 없어져 버립니다. 언제 그것을 시험해 보고 싶다면 그릇에 기름을 얼마쯤 붓고 오랫동안 그대로 두어 보십시오. 그러면 기름 중 일부가 증발해 버린 것을 알 수 있을 것입니다. 그리고 충분한 시간이 경과되면, 기름이 담겼던 작은 흔적만 남고 그릇이 비어 있음을 발견하게 될 것입니다.

성령님께서는 증발하지 않으십니다만 여러분도 그와 같이 그분에게 게을리 할 수 있다고 생각하지 않습니까? 여러분은 영적 재충만을 통해 성령님의 기름이 여러분의 삶 속에 계속 흘러내리도록 해야 합니다. 그것은 기도와, 하나님과의 친교와, 하나님의 말씀을 읽음으로써 이루어질 수 있습니다.

여러분이 주님과 같이 계속해서 걷고, 이야기함으로써(언제나 이야기하는 것은 아닙니다) 기름 부으심이 여러분의 삶속에 보존될 것입니다. 여러분이 그분의 임재하심 속에서 시간을 보낼 때, 성령님의 풍요로운 기름이 여러분의 삶 위에 흐르고 재충만되어 여러분의 영이 다시 새롭게 될 것입니다.

기름의 또 다른 흥미로운 성질은 그릇에 구멍이 나 있으면 새어 나간다는 사실입니다. 비록 구멍이 눈에 보이지 않을 정도로 아주 작더라도 그릇이 만들어질 때 어떤 흠과 불순물이 섞여 있다면, 기름은 그곳을 찾아내어 빠져나갑니다.

에베소서 4장 27절에서는 악마에게 틈도 주지 못하게 하라고 말하면서 여러분의 그릇에 있을 어떤 잠재적 〈구멍들〉에 대해 주의를 주었습니다. 그리스어에서 파생된 틈이란 말은 〈길〉이나 〈창문〉을 뜻합니다. 여러분은 마귀에게 어떤 길도 주어서는 안 됩니다. 쓰라린 고통과 용서치 않음, 자기 연민의 구멍들을 만들지 말기 바라며, 그것이 여러분 자신 속으로 슬며시 접근하도록 방치하지 마십시오. 성령님의 귀중하신 기름만이 빠져나가게 되기 때문입니다. 여러분의 성령의 그릇을 좀 먹는 〈구멍들〉은 아주 작아서 초기에는 발견하기가 힘듭니다. 쓰라린 고통은 거의 예고 없이 다가옵니다. 자기 연민으로 생긴 구멍 때문에 기름을 잃어버린 사람이 얼마나 많은지 모릅니다. 그러한 사람들로부터 〈가련한 신세여, 아 가련한 나여〉라는 말을 얼마나 자주 듣습니까?

여러분이 기름 부으심을 사모하고 좇아간다면 그러한 구멍들이 있는지 살피고, 여러분의 신선한 기름을 굳게 보호하는 것은 절대 필요한 일입니다.

기름에 대한 또 한 가지 중요한 사실은 오직 신선한 기름만이 적절한 밀도, 즉 점성(粘性)을 가지고 엔진이나 기계가 잘 움직일 수 있도록 작용을 해준다는 것입니다. 이 성질은 점성도라고 불리며, 마찰이나 응력(應力)을 줄이고, 열과 압력을 지 할 수 있는, 기름이 가진 아주 중요한 성질입니다. 일정한 압력 아래에서 점성도가 낮은 기름일수록 보호하는 성질이 작아집니다.

여러분도 잘 알다시피, 여러분의 자동차에 규칙적으로 윤활유를 갈아 주는 것이 중요합니다. 최대 성능을 발휘하기 위해 보통 5천 킬로미터마다 윤활유를 갈아 주도록 제조 업체에서는 권하고 있을 정도로 중요한 것입니다. 윤활유를 갈아 주지 않으면 윤활유에 먼지가 끼고 점성도가 낮아져서 엔진을 보호하는 것이 아니라 오히려 더 망가뜨릴 우려가 있습니다.

마찬가지로 여러분의 기름 부음도 영적 전쟁의 열로 인해 닳아서 점성이 떨어질 것입니다. 그렇기 때문에 여러분은 매일 기도하고 성경 공부를 계속하여야 합니다. 그것만이 여러분의 영적 중후함을 유지하고 그 강도를 더해 가는 길입니다.

어려운 질문들

그러면 여러분의 기름은 얼마나 신선합니까? 여러분은 계속적으로 신선한 기름을 더해 가고 있습니까? 아니면 오래된 기름 부으심으로 지내고 있습니까? 여러분의 삶 위에 하나님의 손길이 진부해지지는 않았습니까? 증발되기 시작하지는 않았습니까? 여러분의 그릇이 깨어지지는 않았습니까? 새지는 않나요?

개중에는 〈아이쿠!〉 하실 분이 있을 줄로 압니다. 그러한 고충이 여러분의 기름 부음의 신선함과 수준과 강도를 충분히 점검하게 할 수 있다면 좋겠습니다.

없어서는 안 될 기도와 성경 공부에 덧붙여, 하나님의 사람들의 말을 경청하는 것도 필요합니다. 가령, 나는 자주 캐서린 쿨먼 여사의 전도 테이프를 들었으며, 가능한 한 많은 그리스도교 서적들을 읽었습니다. 하나님의 다른 훌륭한 종들로부터 규칙적으로 꿀을 얻어먹는 것은 여러분의 성장에 중요합니다.

디모데후서 4장 13절에서 바울은 디모데에게 그가 올 때 책들을 가지고 오도록 부탁했습니다. 성숙한 크리스천으로부터 배우는 일의 중요성을 강조하지 않을 수가 없습니다. 이것 또한 규칙적으로 여러분의 기름을 새롭게 하는 하나의 길입니다.

어제의 경험만을 강조한다면 그것은 점차적으로 영적인 죽음으로 가는 기만적인 형태가 될 우려가 있습니다. 영적으로 이미 죽어 있는 사람이 영적으로 살아 있다고 착각하는 것을 관찰하는 일은 하나도 나쁘지 않습니다. 가장 좋지 않은 죽음의 형태는 죽어 가면서 현실을 인식하지 못한 채 종교적 행위의 의식으로 탈바꿈되어 가는 것입니다.

이를테면 찬양이나 기도로 하나님께 예배드릴 때마다 언제나 떨면서 경련을 일으키며, 뛰고 춤추며 소리 지르는 크리스천들을 자주 보게 됩니다. 언젠가 하나님께서 그들 위에 강하게 움직이셔서 그들은 지탱할 수 없었을 것이며, 따라서 경련을 일으키며 떨거나 뛰고 춤추었을 것입니다. 그러나 이제 그것은 그들의 오래된 경험으로부터 유도된 종교적 행위나 전통이 되어 버렸습니다. 하나님의 작품이거나 그분이 뒤에서 역사하셨을 때, 그것은 아름답습니다. 그러나 만약 그것이 단순한 종교적 전통이나 행위, 즉 의식이라면 옛 경험의 찌꺼기에 불과한 것입니다. 그것은 겉으로는 경건하게 보이나, 경건함의 능력은 부인하는 것입니다(디모데후서 3장 5절).

여러분의 기름이 신선할 때, 그것은 아름다운 향기를 가지고 있습니다. 그러나 썩은 기름 냄새보다 더 지독한 것은 없습니다. 여러분, 썩은 올리브기름 냄새를 맡아 본 적이 있습니까? 그 냄새는 혐오감을 일으킬 정도입니다.

기름이 자연 상태에서만 냄새가 좋은 것과 같이 영적으로도 마찬가지입니다. 영적인 향기는 하나님의 백성들과 명확하게 연합되어 있습니다. 만약 그들의 삶이 신선한 기름으로 가득 차 있으면, 여러분은 달콤한 향기를 맡을 수 있을 것입니다. 기름이 괴어 있어서 신선함이 없어진다면, 썩은 냄새가 나기 시작할 것입니다.

변화되는 기름

사무엘상 10장에서 사무엘이 사울에게 기름 붓는 장면을 발견할 수 있습니다. 사울은 변화되었습니다. 〈그대에게도 주님의 영이 강하게 내리어, 그들과 함께 춤을 추고 소리를 지르면서 예언을 할 것이며, 그대는 전혀 딴 사람으로 변할 것〉이라고 6절에서 말하고 있습니다. 기름 부으심은 여러분을 새사람으로 변하게 합니다. 전국적인 기적의 부흥 집회에서 나타나고 있는 강한 능력과 마찬가지로 여러분도 담대해지고 강해질 것입니다. 여러분의 마음은 깨끗해지고 여러분의 영은 예민해질 것입니다. 또한 여러분은 주위의 보이지 않는 세계를 보게 될 것입니다.

그렇습니다. 6절에서 9절까지 보면 사울은 기름 부음을 받고 새사람이 되었습니다. 하나님께서는 수천의 블레셋 사람들을 멸하시는 데 그를 사용하셨습니다. 그는 이스라엘을 다스리는 왕이 되었습니다.

그러나 불행하게도 흠집과 구멍들이 더 커져 갔습니다. 사무엘하에서는 우리에게 보여 줍니다.

길보아의 산들아, 너희 위에는 이제부터 이슬이 내리지 아니하고, 비도 내리지 아니할 것이다. 밭에서는 제물에 쓸 곡식도 거둘 수 없을 것이다. 길보아의 산에서, 용사들의 방패가 치욕을 당하였고, 사울의 방패가 녹슨 채로 버려졌기 때문이다. (사무엘하 1장 21절)

용사들은 자기 무기를 몹시 소중하게 다루었습니다. 예를 들어 그들의 방패는 가죽으로 만들어졌는데 보존하기 위해 기름을 발라 두어야만 했습니다.

〈기름을 바른다〉는 것은 기름 부으심의 상징입니다. 여러분의 삶에 성령님의 기름 부으심이 있으면 그 삶은 하나님의 왕국을 위해 사용될 수 있습니다. 그러나 사울은 〈기름 부음을 받지 않음같이〉 되었습니다. 그는 범죄함으로 그것을 잃어버렸던 것입니다.

사무엘상 13장 11~15절에 사울과 그의 군대가 블레셋 대군과 싸우는 장면이 있습니다. 사사이며 선지자인 사무엘은 이스라엘군이 싸움에 나가기 전에 자신이 번제와 화목제를 드리겠다고 약속했습니다(사무엘상 10장 8절). 그가 정한 기한대로 도착하지 않자, 사울은 바보스럽게도 블레셋군에 대항하는 이스라엘의 운명을 자신이 강하게 할 수 있다고 생각했으며, 그리고 사울 자신이 번제를 드렸습니다. 이 불순종으로 사울은 하나님께서 주신 왕과 선지자 직의 기본 규범을 위배하게 되었습니다. 그는 범죄했고, 하나님께서는 그를 결코 기름 부으시지 않은 사람과 같이 여기셨습니다.

앞에서 언급한 바와 같이 왕에 대한 기름 부으심의 능력과 친밀의 관계를 알고 난 후에도, 여러분은 그것을 잃으려 하겠습니까? 여러분도 역시 하나님의 축복으로 기름 발라진 방패에 대한 보호를 잃어버릴 수 있습니다.

불순종 후, 사울은 기름 부으심을 받지 못하고 블레셋군과 싸웠으며 깊은 타격을 받았습니다. 하나님께서는 그의 행동을 거역이라고 부르셨으며, 사술(邪術)의 죄와 같다고 하셨습니다. 그것은 하나님 앞에서 더러운 것입니다.

더욱이 사울이 왕에 대한 기름 부으심을 잃었을 때 악한 영이 와서 그를 사로잡았습니다. 왕에 대한 기름 부으심은 그에게 사탄을 제어할 권세를 주었으나, 역할이 뒤바뀌어 사탄이 사울을 지배하게 된 것입니다. 가룟 유다 역시 왕에 대한 기름 부으심을 잃어버렸습니다. 예수님께서 그와 나머지 11명의 제자들에게 〈가라, 내가 귀신들을 내쫓는 권세를 주노라〉 하셨습니다. 유다가 기름 부음을 잃었을 때 마귀는 그를 사로잡고 그는 예수님을 배반했습니다.

앞으로 정진

구원의 깨끗하게 하는 기름이 여러분 위에 부어졌을 때 여러분은 나병 환자에 대한 기름 부으심을 경험하였습니다. 거기에서 중단하지 말고 여러분에게 매일 성령님과의 친밀한 교통과 친교가 있게 하는 제사장에 대한 기름 부으심이라는 신선한 기름이 있도록 노력하십시오. 성령님의 임재하심 속에 시간을 보내며, 그분과 그분의 능력이 여러분에게 채워질 수 있도록 하십시오. 그러면 여러분은 더 높은 고지에 올라가게 되고 사탄을 짓누를 수 있는 능력이 수반되는 왕에 대한 기름 부으심으로 들어갈 수 있습니다.

기름 부으심을 주의 깊게 보호하십시오. 「많이 받은 사람에

게는 많은 것을 요구하고, 많이 맡긴 사람에게는 많은 것을 요구한다.」(누가복음 12장 48절)

여러분은 어제의 기름으로 살아남으려고 노력하거나 과거의 영광 속에만 파묻혀 일할 수는 없음을 기억하기 바랍니다. 하나님의 창고는 절대 고갈되지 않습니다. 그러니 자신을 정체시키거나 자기 만족에 빠지지 말기 바랍니다. 성령님의 〈기름〉이 여러분에게 부어지도록 구하고, 여러분을 재생시키고 새롭게 하기 바랍니다. 히브리어로 〈기름 부음〉이란 단어는 〈속으로 바르다〉는 뜻의 마샤크mashach입니다. 그리스어로는 〈문질러 바르다〉라는 뜻의 크리슴chrism입니다. 놀라운 말이 아닙니까? 나는 기름 부으심이 내 위에 흘러내려 속으로 발라지기를 원합니다. 겉에만 있는 것이 아니라 나의 속까지, 나는 만져서도 알 수 있을 정도의 확실한 기름 부으심을 원합니다.

양과 기름

앞에서 나는 사울 왕과 관련하여 〈기름으로 바르는 것〉과 기름 부으심을 잃은 것에 대해 언급했습니다. 성경에서 〈바르는 것〉은 또 다른 중요한 뜻을 가지고 있습니다. 성경에서 가장 사랑받는 구절의 하나인 시편 23편에서, 다윗은 〈내 머리에 기름 부으시어 나를 귀한 손님으로 맞아 주시니, 내 잔이 넘칩니다〉라고 노래하였습니다. 내가 태어나고 자라난 고장인 중동 지방의 목자와 그 양들을 머릿속에 그리면, 도움이 될 것입니다. 목자들은 규칙적으로 양들에게 올리브기름을 발라서 벌레들이 양들을 괴롭히지 못하게 합니다.

거룩한 땅에는 많은 벌레가 있기 때문에 양들에게 평온함을 주기 위한 단 한 가지 방법은 기름을 바르는 것입니다.

여러분과 나에게 이것은 성령님의 능력에 의해서 귀신들이 귀찮게 하는 것으로부터 벗어나는 상징으로 보입니다. 더 나아가 변화된 후의 크리스천들은 그들 안에 귀신들이 아닌 성령님을 모시고 있어야 한다는 것을 뜻합니다. 그들은 기름 부으심으로 인한 안전과 평안을 가지게 됩니다.

〈바른다〉는 말에서 기름 부으심을 보호하고 증가시키는 세 가지 열쇠를 발견할 수 있습니다.

첫 번째, 하나님께서는 항상 여러분이 이미 가진 것을 잘 지키고 있는지 살펴보고 계십니다. 다윗이 밧세바와 범죄한 후 주님께서 다윗에게 준 훈계를 생각해 보십시오.「나는 네 상전의 왕궁을 너에게 넘겨 주고, 네 상전의 아내들도 네 품에 안겨 주었고, 이스라엘 사람들과 유다 나라도 너에게 맡겼다. 그것으로도 부족하다면, 내가 네게 무엇이든지 더 주었을 것이다. 그런데도 너는, 어찌하여 나 주의 말을 가볍게 여기고, 내가 악하게 여기는 일을 하였느냐?」(사무엘하 12장 8~9절) 물론 시편 51편을 읽어 보면 다윗은 회개하였고, 하나님의 새로운 임재하심과 능력으로 축복을 받았습니다.

하나님께서는 여러분에게 더 많은 것을 주시기 전에, 이미 주신 것으로 여러분이 무엇을 했는지 살피고 계십니다.

두 번째, 누가복음 24장 28~31절에서 엠마오 길을 따라 내려가는 두 사람에게 부활하신 그리스도께서 나타나셨던 장면입니다. 그들이 마을에 가까이 이르렀을 때 예수님께서 계속 더 가시려고 하는 것같이 하시니, 〈그들은 예수를 만류하여 그들의 집에 묵으려고〉 들어가셨다고 성경은 말하고 있습니다. 그리고 나중에 예수님은 빵을 떼어 주시면서 자신을 나타내셨습니다. 그들이 예수님에게 강권하지 않았다면 그들은 그러한 계시를 놓쳤을 것입니다.

오늘날 많은 사람은 단순히 주님께 강권하며 자신들과 같이 유하시기를 청하지 않기 때문에 예수님의 계시를 놓치고 있습니다. 그들은 쉽게 포기해 버리고 맙니다. 주님께서는 기도 중에 그들에게 오십니다. 그리고 주님께서 임재하셔서 하나님을 높이려고 하실 때 그들은 끝났다고 잘못 생각합니다. 다음 번에 그러한 일이 일어나려고 할 때 주님께서 곧 떠나지 마시도록 강권하고 조금 더 머물러 계시도록 간구하십시오. 그 시점만 넘어서면 여러분은 나타내심(계시)을 발견할 수 있을 것입니다.

세 번째, 여러분의 모임이 중요합니다. 기름 부으심이 있는 사람들과 모이게 되면 그들은 여러분의 삶에 기름을 묻혀 줍니다. 그들은 여러분에게 영향을 주며, 놀라운 효과를 가져다 줍니다. 그 사회에서 버림받은 자들의 무리가 다윗에게 모였던 것(사무엘상 22장 2절)을 기억하십니까? 다윗의 삶에 기름 부어졌던 것이 다른 자들에게 묻혀 나갔습니다. 같은 일이 제자들에게 일어났습니다. 그들에게는 주 예수님과 함께함의 결과로써 그러한 일들이 일어났습니다(사도행전 4장 13절). 여러분이 하나님의 사람들과 같이 시간을 보낸다면 얼마나 놀라운 일이 생길지 아십니까?

여러분은 이 책을 읽어 감으로써 성령님의 임재하심의 영광과, 능력과 함께 오는 기름 부으심에 대해 알기를 갈망하십니까? 그러면 그분을 지금 바로 여러분의 삶 속으로 초청하십시오. 여러분이 구원되고 성령의 세례를 받았다고 할지라도 〈성령님, 저에게 오셔서 제 자신을 비우게 하시고 당신으로 채워지게 하여 주시옵소서. 당신의 임재하심으로 채워 주셔서, 당신의 능력을 알게 하옵시고, 당신의 영광을 알 수 있게 하옵시며, 성령님의 귀중하신 기름 부으심을 알게 하옵소서〉라고 기도할 수 있어야 합니다.

성령이 충만하여 여러분이 그분의 임재하심과 그분의 성품, 그분의 영광을 알게 될 때, 그분의 능력은 여러분의 삶에 채워지고 그분의 기름 부으심은 여러분의 것이 될 것입니다.

갑절의
기름부으심

어떻게 하면 여러분의 삶에 성령님의 기름 부으심을 받을 뿐만 아니라 그것을 또한 두 배로 받을 수 있겠습니까? 여러분의 나날의 삶 속에서 성령님의 임재하심에 대해, 그리고 갑절의 능력에 대해 생각해 보십시오.

엘리야와 엘리사의 이야기는 어떻게 하면 갑절의 능력이 우리의 것이 될 수 있는가를 알게 해주는 좋은 예입니다. 엘리사의 가장 큰 바람은 엘리야가 받은 기름 부으심의 두 배의 양을 받아 내는 것이었으며, 그는 그렇게 받았습니다. 이 놀라운 선물이 있게 한 그의 순종의 발자취로부터 우리는 배울 수 있습니다.

구약에서 엘리야는 주 예수 그리스도의 모형이며, 엘리사는 여러분과 나의 모형이라는 것을 인식하면서 시작해 봅시다. 구약의 모든 것은 그림자이며, 신약을 통해 여러분과 내가 받을 모든 것은 그 그림자에 대한 실체입니다. 그것은 하나님께서 우리가 무엇을 행하기를 원하시며, 그리고 어떻게 살기를 원하시는지 우리에게 보여 주신 모형이며 그림자로서 모세, 엘리야, 엘리사 그리고 다른 선지자들이 걸어왔던 길입니다.

여러분이 성경을 읽을 때 예수 그리스도는 하나님 말씀의 실체이신 것을 기억하기 바랍니다. 그리고 그분께서 이 땅 위에 오시기 전에 살았던 선지자들은 실체인 그분에 대한 그림자였습니다. 선지자들은 그저 장차 오실 실체를 대표해서 나타내고 있었습니다. 달리 말하면 구약에 있는 것들은 절대적 사실이며 진리에 대한 그림자입니다. 진리는 그리스도입니다. 그래서 여러분이 구약을 읽어 나갈 때 여러분이 보는 것은 당시 천국에 계시던 진실된 실체의 그림자임을 기억하기 바랍니다. 이 땅에 오셨을 때, 옛 언약 아래 그림자들을 통해 말씀하셨던 그분께서는 이 땅 위에 실체로 계시게 된 것입니다. 그러나 실체이신 그분은 언제나 존재하시는 분입니다.

구약이건 신약이건 성경의 모든 사건은 예수 그리스도를 나타내고 있기에 중요한 것입니다. 의미 없는 사건은 하나도 없습니다. 그러므로, 엘리사가 동경하며 갑절의 양을 갈망하였던 것이 우리에게 현실이 되지 말라는 법은 없다고 나는 믿습니다.

첫 무대

열왕기상 19장 16절에서, 하나님께서 엘리야에게 명하신 것을 찾을 수 있습니다. 「또 님시의 아들 예후에게 기름을 부어서, 이스라엘의 왕으로 세워라. 그리고 아벨므홀라 출신인

사밧의 아들 엘리사에게 기름을 부어서, 네 뒤를 이을 예언자로 세워라.」

계속되는 장면에서 명령에 순종하여 엘리야는 열두째 겨리의 소(스물네 마리의 소)로 밭을 가는 엘리사를 찾아왔습니다. 당시는 여섯 마리의 소를 가진 사람을 부자로 여기던 때였으므로, 엘리사의 아버지 사밧은 상당한 부를 소유했던 사람임을 알 수 있습니다. 선지자로서 우리가 기대하는 조건과는 정반대로 첫눈에 그 젊은 사람은 천하게 여겨지는 중노동을 하며 먼지와 땀으로 더럽혀져 있음을 알 수 있습니다. 그러나 하나님께서는 엘리야의 사역을 완성할 자를 잘 알고 계셨습니다.

성경에서는 엘리야가 〈엘리사의 곁으로 지나가면서 자기의 외투를 그에게 던져 주었다〉 하였는데, 이것은 엘리사를 후계자로 지명한다는 것을 뜻합니다. 엘리사는 주저 없이 따라가기를 원하며, 엘리야에게 달려가서 〈아버지와 어머니에게 작별 인사를 드린 뒤에, 선생님을 따르겠습니다〉 하고 말했습니다. 이는 그의 부모에 대한 지극한 효성을 보여 주는 것입니다. 그러고 나서 〈엘리사는 엘리야를 떠나 돌아가서, 겨릿소를 잡고, 소가 메던 멍에를 불살라서 그 고기를 삶고, 그것을 백성에게 주어서 먹게 하였다. 그런 다음에, 엘리사는 곧 엘리야를 따라가서, 그의 제자가 되었다〉고 말합니다(열왕기상 19장 19~21절).

그의 행동은 무엇을 뜻합니까? 그것은 이전의 삶을 청산하

는 것을 뜻합니다. 그는 자신의 이전 삶을 떠났고 그것을 잊어
버렸습니다. 여러분이 잊어버려야 할 어제의 것들을 계속 짊
어지고 다닌다면 하나님께서는 여러분에게 갑절의 양을 주시
지 않을 것입니다. 바울은 그것에 대해 〈뒤에 있는 것은 잊어
버리고 앞에 있는 것을 향하여 몸을 내밀면서〉(빌립보서 3장
13절) 좇아가라고 말합니다. 여러분이 어제를 버릴 때에만 내
일의 약속을 받을 수 있습니다.

하나님께서는 인간 세계에서 재산을 가진 자를 택하시는
것이 아니라, 선지자의 종들 가운데 한 명이 되기로 작정한 믿
음을 가진 자를 택하십니다. 여러분도 오늘 삶 속에서 엘리사
와 똑같은 일을 하고자 합니까? 그것은 갑절의 기름 부으심으
로 가는 첫걸음입니다.

시작된 여정

열왕기하 2장에서 엘리야가 여러 곳으로 옮겨 다니는 것을
찾아볼 수 있는데, 그것은 우리도 예수 그리스도를 좇아야 한
다는 사실과 중요성을 보여 줍니다.

우리는 처음 그들을 길갈에서 찾을 수 있는데, 그곳은 옛 이
스라엘 백성을 인도하던 낮의 구름 기둥과 밤의 불 기둥이 더
이상 흔적이 없는, 이제는 초자연적인 능력은 없어지고 단지
종교적 활동만이 있는 장소를 대표합니다. 그곳은 여호수아
5장에서 기록된 대로 여호수아가 머물렀으며, 이집트를 잊게
한 장소입니다. 「주님께서 여호수아에게 말씀하셨다. 〈너희가

이집트에서 받은 수치를, 오늘 내가 없애 버렸다.〉 그리하여 그곳 이름을 오늘까지 길갈이라고 한다.」(여호수아 5장 9절)

그곳은 여러분이 〈나는 이제 거듭났다. 나의 죄는 깨끗이 씻겼다. 나의 삶은 놀랍게 변화되었다〉고 말하며, 옛 삶을 잊어버릴 장소입니다.

그러나 여호수아 5장 10~12절에서는 길갈에서 유월절을 지내고 〈그 땅의 소출을 먹었다〉라고 말하고 있습니다. 이스라엘 백성들은 당시 이집트로부터 구출되었고, 또 그 후 일용할 양식을 하나님께 의지하고 있었습니다. 날마다 하나님의 기적적인 예비하심은 믿을 수 없을 정도였습니다. 매일 아침 그들이 깨어났을 때, 그들은 들 위에 내린 신선한 만나를 양식으로 모아들였습니다. 그것은 하나님께서 기적적으로, 사랑으로 예비하여 주신 것임에도 불구하고, 백성들은 나중에는 매일 똑같은 양식에 불만을 표시하기까지 했습니다. 기회가 오자 그들은 그 땅의 소출을 먹었습니다. 그리고 만나는 다음 날 그치게 되었습니다.

그러면, 이것은 무엇을 의미합니까? 길갈은, 여러분과 나의 체험에서, 이집트로부터의 해방이 상징하는 구원의 체험 이후에 오는 장소입니다. 우리가 죄악의 삶에서 떠나 구속자의 품안으로 뛰어들어 가서, 오랫동안 우리를 멍에 속에 묶어 두었던 장소에서 빠져나온 행복 속에 있는 곳입니다.

그러나 또한 길갈에서 우리가 빠져나오는 데 초자연적인 힘이 필요했던 무서운 이집트는 곧 잊어버리게 됩니다. 우리는 잠시 평안하게 되면 더 이상 하나님께 의지하려고 하지 않으며, 초자연적인 힘은 더 이상 필요치 않다고 여기는 것 같습니다. 우리는 문제를 해결할 수 있다고 생각합니다. 그래서 구름 기둥과 불 기둥 속에 나타났던 하나님의 영광과 함께, 만나도 그치게 된 것입니다.

그러면 나는 엘리야와 엘리사가 길갈에 머문 것으로부터 무엇을 결론지을 수 있을까요? 길갈은 능력이 없는 종교를 대표한다고 앞에서 말했습니다. 누구도 처음에는 정말로 원하지 않지만, 많은 사람이 그곳에서 그치고 맙니다. 그리고 우리 중 많은 사람이 길갈에서 아주 평안하다고 느끼고 그곳을 떠나지 않습니다. 우리는 단지 거듭나게 된 것만 기쁘고, 종교적인 활동에만 만족하게 됩니다. 〈길갈 제일 교회〉에서 평범한 영적 활동으로 즐겁게 지내게 됩니다. 그곳에는 결코 성장이 없으며, 하나님의 기름 부으심을 갑절로 기대하는 성숙함도 없습니다. 〈만약 내가 구원되었을 때 느꼈던 것만큼만 느낄 수 있다면〉, 혹은 〈만약 내가 성령으로 충만하였을 때 느꼈던 것만큼만 느낄 수 있다면〉 하고 말하는 사람들을 나는 많이 보아 왔습니다.

이 모든 것에도 불구하고, 거기에는 평안한 생각이 있습니다. 하나님께서 여러분을 길갈에 데려오신 목적은 여러분에게 초자연적인 능력이 없는 삶은 참 크리스천의 삶의 방법이 아니라는 것을 보여 주고자 하심입니다.

여러분, 우리는 길갈을 넘어가야 합니다. 우리의 태도는 엘리사와 같아야 할 필요가 있습니다.「스승님이 가지고 계신 능력을 제가 갑절로 받기를 바랍니다.」

벧엘

길갈을 지나서, 엘리야와 엘리사는 벧엘로 나갔습니다. 그곳은 여러분 자신의 욕망을 죽이고 여러분을 하나님께 내어 드리며 항복하는 중요한 결정을 내려야 하는 장소라고 나는 여기고 있습니다. 생각해 보십시오. 벧엘은 옛 언약을 통해 자주 언급되었던 곳입니다. 그곳은 아브라함이 장막을 치고 하나님을 위해 살기로 작정한 곳이었습니다. 그곳은 그의 손자인 야곱이 하나님께 당신을 따르며 섬기겠다고 말씀드린 곳입니다. 그곳은 야곱이 하나님의 사자와 씨름하고 야곱을 이스라엘이라고 고쳐 부르게 된 곳입니다. 또한 그곳은 사무엘이처음 하나님의 음성을 들었던 곳입니다. 그곳은 사울이 말씀을 거역하여 자신의 왕국을 포함한 모든 것을 잃었던 곳입니다. 어떤 자들은 그곳에 도달했을 때 크게 성공하였으며, 어떤 자들은 실패하기도 했습니다.

그러나 그것만으로는 충분치 않습니다. 여러분이 벧엘에 당도하여 여러분 자신을 내어 드리고 항복하여도 여러분은 거기에서 갑절의 기름 부으심을 발견하지 못할 것입니다.

벧엘에서 엘리야는 엘리사에게 말했습니다.「너는 여기 머물라. 여호와께서 나를 여리고로 보내시느니라.」그러나 엘리사는 곧 대답하였습니다.「여호와께서 살아 계심과 당신의 영혼이 살아 있음을 두고 맹세하노니 내가 당신을 떠나지 아니하겠나이다!」

엘리사는 말했습니다. 「당신의 성령이 하시는 역사가 갑절이나 내게 있게 하소서.」

여러분은 벧엘에 남기로 결정할 수도 있고, 혹은 길갈의 평범함으로 돌아갈 수도 있습니다. 아니면 여러분은 앞으로 나아가기로 결단하고 하나님의 축복을 더 받을 수도 있습니다.

투쟁의 장소, 여리고

다음에 올 싸움터는 여리고입니다. 주 예수님께서 40주야 동안 마귀의 유혹을 받으시며 사탄과 직면하였던 곳이 여리고 부근이었습니다. 성벽이 무너져 내렸던 시대는 여호수아의 때였습니다.

여러분이 여리고에 도달하면, 사탄은 여러분에 대항해서 여러분의 재산을, 여러분의 육신을, 여러분의 마음을, 여러분의 가족을 공격할 것입니다. 그곳은 여러분이 마귀들과 지옥의 모든 세력들과 싸우는 장소입니다. 그러나 또한 여러분을 안내할 대장을 발견하는 장소이기도 합니다. 여러분이 자신을 희생하고 하나님을 따르기로 결정할 때 마귀는 여러분에 대항하여 나타나지만, 안내할 대장 역시 칼을 들고 여러분을 도와줄 준비가 되어 있다는 것을 확신하기 바랍니다. 여러분의 승리는 바로 멀지 않은 곳에 있으며 싸움 중에 기적이 일어날 것임을 확실히 믿기 바랍니다.

여정을 지체하지 마십시오

내 자신의 여리고는 사탄이 나의 사역 활동을 흩어지게 하려고 한 1980년대에 있었습니다. 자만의 함정, 단조로움과 권태의 함정들이 바로 그 앞에 있었음을 기억합니다. 거기에는 기름 부으심을 가볍게 여기려는 무서운 위험이 도사리고 있었습니다. 그리고 언제나 그랬듯이 갑절이나 되는 기름 부으심이 바로 멀지 않은 곳에 준비되어 있었습니다. 영적 싸움에서 승리로 이끌어 줄 대장을 찾기 위해 내가 해야 했던 일은 나의 눈을 크게 뜨는 것이 전부였습니다. 메시지는 간단합니다. 마음을 흐트러뜨리지 말고, 육에 의한 것을 조심하십시오. 산만해지는 것은 여러분의 적입니다.

이를테면 기적의 부흥 집회가 시작되기 전에는 어느 누구도 나에게 말을 걸 수 없는 규칙이 있습니다. 나는 사람들에게 말합니다. 「어떤 일이 일어나건 나에게 전하지 마십시오.」 나는 어떤 일이건 전혀 알고 싶지 않습니다. 만약 내가 필요로 하는 사람들에 대해 생각하기 시작한다면 나의 감정은 그런 것들에 묶여서 마음을 깨끗이 하고 집중시키기가 어렵다는 것을 나는 잘 알고 있습니다. 나의 혼과 마음은 하나님에게만, 하나님 한 분께만 향하고 있어야 합니다. 사탄이 나를 산만하게 만들도록 내버려 둘 수는 없습니다. 여러분도 마찬가지입니다. 여러분이 산만해지는 그때에, 하나님께서 여러분에게 승리를 향해 나갈 수 있는 능력도 주시고 계심을 기억하기 바랍니다.

요단으로!

그럼 다음에 머물렀던 장소인 요단에서는 어떠한 일이 일
어났습니까? 하나님께서 여러분의 눈을 열어 주시고 여러분
의 영적 시야가 열리게 될 것입니다. 요단에서 세례 요한은 성
령님께서 비둘기의 형상으로 내려오시는 것을 보았습니다. 예
수님께서 사역을 시작하셨던 곳이 바로 요단입니다.

요단은 바로 여러분이 자연계를 넘어 초자연계의 영역 속
을 들여다보기 시작하는 장소입니다. 이곳이 바로 엘리사가
갑절의 기름 부으심을 받게 된 곳입니다. 성경에 나타난 놀라
운 구절이 여기 있습니다.

그때에 엘리야가 자기의 겉옷을 벗어 말아서, 그것으로
강물을 치니, 물이 좌우로 갈라졌다. 두 사람은 물이 마른
강바닥을 밟으며, 요단강을 건너갔다. 요단강 맞은쪽에 이
르러, 엘리야가 엘리사에게 말하였다. 〈주님께서 나를 데려
가시기 전에 내가 네게 어떻게 해주기를 바라느냐?〉 엘리
사는 엘리야에게 〈스승님이 가지고 계신 능력을 제가 갑절
로 받기를 바랍니다〉 하고 대답하였다. 엘리야가 말하였다.
〈너는 참으로 어려운 것을 요구하는구나. 주님께서 나를 너
에게서 데려가시는 것을 네가 보면, 네 소원이 이루어지겠
지만, 그렇지 않으면 그것이 이루어지지 않을 것이다.〉 그들
이 이야기를 하면서 가고 있는데, 갑자기 불병거와 불말이
나타나서, 그들 두 사람을 갈라 놓더니, 엘리야만 회오리바

람에 실고 하늘로 올라갔다. 엘리사가 이 광경을 보면서 외쳤다. 〈나의 아버지! 나의 아버지! 이스라엘의 병거이시며 마병이시여!〉 엘리사는 엘리야를 다시는 볼 수 없었다. 엘리사는 슬픔에 겨워서, 자기의 겉옷을 힘껏 잡아당겨 두 조각으로 찢었다. 그리고는 엘리야가 떨어뜨리고 간 겉옷을 들고 돌아와, 요단강 가에 서서.(열왕기하 2장 8~13절)

이 구절에 숨겨져 있는 것은 영적 비전vision의 장소인 요단에서 일어나는 놀라운 그림자입니다. 엘리사는 두 가지 일을 했습니다. 엘리사는 옛사람을 버리는 것을 뜻하는 행위로 자기가 입었던 옷을 잡아 찢었습니다. 그리고 그는 엘리야의 몸에서 떨어진 겉옷을 집어 들었으며 갑절의 기름 부으심이 온 것을 알았습니다. 새것이 오고 있을 때 옛것에 대해 〈안녕〉 하고 말할 수 있어야 합니다. 옛것을 포기하면, 하나님께서 여러분의 삶을 새것으로 채우실 수 있을 것입니다.

여러분이 하나님의 약속들을 알고 그분 안에서 믿음을 통해 그것들을 받도록 기대할 때까지, 여러분은 갑절의 기름 부으심을 받을 수 없습니다. 아브라함은 아들을 약속하신 그분을 먼저 믿었어야 했습니다. 자신의 힘이나 자신의 일을 믿었던 것으로는 약속의 아들을 가져오지 못했습니다. 아들을 받기 전에 그는 믿음으로 이삭을 보아야만 했습니다. 여러분이 믿음의 눈으로 볼 때, 약속은 능력으로 여러분에게 오기 시작합니다. 누가복음 18장 35~43절을 보면 히브리 관습에 따라 전통적으로 누더기 옷을 입고 있었던 시각 장애인 바디매오의 이야기가 있습니다.

그러한 옷을 입은 자는 도와줄 자가 없는 시각 장애인인 것을 알 수 있으며, 삶에 기본적인 먹을 것이라든지 보살핌 등의 도움을 필요로 하는 자로 누구나 알고 있습니다. 주 예수님께서는 그가 부르짖는 소리를 들으셨고, 그를 부르라 하셨습니다. 즉시 바디매오는 겉옷을 내던져 버렸습니다(마가복음 10장 50절). 기적을 받기 전에 겉옷을 내던져 버린 것은 그가 하나님께 전적으로 의지하고 있음을 뜻합니다. 그는 새것을 받기 위해 옛것을 버렸던 것입니다.

믿음에 의하여 내가 나 자신을 하나님의 자녀로 볼 때 나는 머리를 숙이고 눈은 내리뜨고 걸으며 〈오, 하나님, 저는 당신의 임재하심 속에 아무 가치도 없는 자입니다〉라고 중얼거리지 않습니다. 어떠한 비난으로부터라도 자유함을 가지고 나는 죄 없이 지성소 안으로 걸어 들어갑니다. 한때 나를 묶었던 어둠은 이제 나의 영적인 눈을 가리지 못합니다. 나는 볼 수 있습니다! 내가 말씀을 읽어 갈 때, 나는 말씀을 믿으며, 하나님의 자녀로서 지성소로 들어갑니다.

그것이 바로 여러분이 갑절의 기름 부으심으로 접근하는 방법입니다.

여러분은 길갈의 평범함 속에 머물러 있지 않을 것입니다. 여러분은 벧엘로 가고 있습니다. 여러분 자신은 죽을 것이며, 영원히 하나님을 위해 살기로 작정할 것입니다. 여러분은 여리고로 가고 있습니다. 여러분에 대항해서 오는 모든 마귀와 여러분은 싸울 것이며, 주 예수님께서 여러분 곁에 계시기 때문에 여러분은 이기게 될 것입니다. 요단에서 여러분의 것인 천국의 약속들을 보기 시작할 것이며, 그것들을 향해 가까이 가게 될 것입니다. 여러분은 천국과 지옥을 흔드는 하나님을 위한 힘이 될 것입니다.

대가를
지불하겠습니까?

지금까지 기름 부으심의 중요성은 여러 가지 방법으로 분명해졌지만, 어느 누구도 시편의 기자보다 더 많이 밝혀내지는 못할 것입니다. 다윗을 통해 여러분에게 기름 부음을 주시는 〈궁극적인 기름 부으심을 받은 자, 메시아〉에 대한 약속이 높고, 깊고, 넓은 데 대해 특별한 주의를 기울여 보십시오.

나는 내 종 다윗을 찾아서, 내 거룩한 기름을 부어 주었다. 내 손이 그를 붙들어 주고, 내 팔이 그를 강하게 할 것이다. 원수들이 그를 이겨 내지 못하며, 악한 무리가 그를 괴롭히지 못할 것이다. 내가 오히려 그의 대적들을 그의 앞에서 격파하고, 그를 미워하는 자들을 쳐부수겠다. 나는 그를 사랑하고, 내 약속을 성실하게 지킬 것이며, 내가 그에게 승리를 안겨 주겠다. 그의 손은 바다를 치며 그의 오른손은 강을 정복하게 하겠다. 그는 나를 일컬어 〈주님은 나의 아버지, 나의 하나님, 내 구원의 반석입니다〉 하고 말할 것이다.

나도 그를 맏아들로 삼아서, 세상의 왕들 가운데서 가장 높은 왕으로 삼겠다. 그에게 내 신의를 영원토록 지키며, 그와 맺은 나의 언약을 성실히 지키겠다. 그의 자손을 길이길이 이어 주며, 그의 왕위를 하늘이 다할 때까지 지켜 주겠다.(시편 89편 20~29절)

이 놀라운 선물이 우리의 것이 될 수 있도록 사모하는 일보다 더 중요한 것은 없습니다. 능력, 보호, 적들에 대한 승리, 깊은 신앙, 권세, 강건함, 끝없는 언약 등 이러한 약속은 왕 중의 왕, 주 예수님을 통해서 여러분과 나의 것이 될 것입니다.

냉정하게 생각해 봅시다

이러한 약속들을 가져오게 하고, 또한 맨 앞 장에서 언급한 대로 대가를 지불해야 하는 기름 부으심은 매우 참된 것입니다. 여러분이 거의 성취하지 못하거나, 그 반대로 된다면 여러분이 바보스럽고 불성실하게 행동한 결과일 것입니다.

그 대가는 완전한 자신의 영적인 죽음입니다. 그리고 그것은 오직 기도함에서 오게 됩니다. 더욱이 영적으로 죽는 것은 바울이 고린도전서 15장 31절에 썼듯이 매일매일 일어나야 합니다. 〈그러나, 저는 20년 전에 죽었는데요〉라고 말할 수는 없습니다. 육은 매일매일 부인해야 합니다. 그것은 저주받은 것으로 매일 십자가에 못 박아야 합니다. 예수님께서는 단호히 말씀하셨습니다. 「나를 따라오려는 사람은, 자기를 부인하고, 날마다 자기 십자가를 지고, 나를 따라오너라.」(누가복음 9장 23절) 그것은 오직 기도를 통해서만 올 수 있습니다.

여러분과 나는 사탄에게 〈안 돼〉 하고 말할 수 있는 능력이 없습니다. 우리에게는 그를 거부할 능력이 없습니다. 성령님께서 우리 위에 임하여 계실 때 오직 능력이 옵니다. 믿음의 거장들이 〈안 돼〉 하고 말할 수 없었기 때문에 그들은 타락해 간 것입니다. 그들은 자기들 자신의 힘에 의존하고 있었습니다.

캐서린 쿨먼 여사는 십수 년 전에 말한 적이 있습니다. 「나는 오래전에 죽었습니다.」 그녀가 이어서 〈나는 수천 번 죽었습니다〉 하고 말하지 않았더라면 그것은 오해할 뻔한 말이었습니다. 그 말의 진정한 의미는 아주 오래 전에 그녀는 영적으로 죽기를 결심했고, 매일 그것을 다짐하였다는 것입니다.

이것이 성령님의 임재하심과 관련하여 있게 되는 일 중의 하나입니다. 그것은 하나님 앞에 여러분 자신을 완전히 단념하겠다고 말씀드리며, 되새기며, 단순히 결단을 내릴 때 오게 됩니다. 여러분이 진실을 말하는지 아닌지는 그분께서 잘 알고 계시며, 여러분은 그 사실을 깨닫는 것이 좋습니다.

평생의 일

하나님의 능력인 하나님의 기름 부으심은 우리가 얼마나 오랜 시일을 하나님과 함께 보내느냐에 달려 있습니다. 그리고 모든 것을 그분과 함께 해야만 합니다. 이것은 하루 만에 완전히 소모해 버릴 어느 날의 체험이 아니라, 일생을 통해 체험해야 할 것입니다. 하나님께서 나를 사용하시고 계시지만 내가 진정으로 원하는 100퍼센트의 수준에는 도달하지 않았다고 생각합니다. 하나님께서는 여러분에게도 똑같이 하실 것입니다.

내 경우에, 세상과 더불어 무엇을 하고자 하는 욕망을 완전히 잃어버렸음을 나는 잘 알고 있습니다. 나의 세속적 욕망은 사라진 것입니다.

냉소적인 현세의 시대에서 이러한 것들을 이야기하고 진실되게 나타내는 것은 어려운 일이지만, 성령님의 임재하심과 기름 부으심 때문에 나는 하나님과 같이 걷고 하나님과 함께 일하는 데 나를 소모시키고 있습니다. 그분은 진정 내가 가진 것의 전부이십니다. 만약 그분께서 〈베니, 이제 중국으로 옮겨 가라〉고 말씀하신다면, 나는 모든 것을 포기하고 그곳으로 갈 겁니다. 나에게는 더 이상 거역이라는 것이 없습니다.

물질적 욕망이 없다고 해서 사탄이 나를 유혹하지 않는다는 의미는 아닙니다. 자신에 대한 매일의 죽음, 매우 어렵지만 아직도 싸워야 할 일입니다.

솔직한 질문

한 친한 친구가 최근에 나에게 물었을 때 나는 잠시 망설였습니다. 「자네는 젊었을 때 너무 외롭고 소극적이어서 관심을 끊어야 할 일도 별로 없었으니 자신을 쉽게 버릴 수 있었고 그래서 하나님께서 자네를 사용하신 것이라고 생각하지 않는가?」

나도 생각해 본 적이 있는 중요한 점을 그는 지적하였습니다. 어렸을 때 나는 정말 지독한 말더듬이었으므로 심히 부끄러워했습니다. 심지어는 집에 손님이 방문했을 때 침대 밑에 숨은 적도 있었습니다.

그러나 하나님께서 나를 사용하시기 시작하셨을 때 나는 잃을 것이 사실 아무것도 없었으며, 아무것에도 얽매여 있지 않았습니다. 나도 한 인간으로서 자연스러운 어떤 욕망들을 가지고 있었습니다. 그러나 하나님께서 그러한 것들을 처리할 수 있도록 도와주셨습니다.

그래서 그 질문에 대해 심각하게 생각한 후에 나는 하나님께서 가끔 나처럼 당신에게 대들지 않을 사람을 선택하신다고 믿기에 이르렀습니다. 그러나 여러분이 하나님의 임재하심 속에 있고, 그리고 그분의 선하심과 사랑을 맛보았을 때, 〈어느 누가 무엇을 더 원하리오?〉 하고 자문한다는 것은 절대적인 진실입니다. 그분께서는 오로지 여러분을 사용하고 계신 것입니다. 여러분이 이러한 것들을 사람들에게 설명하고 그들에게 무엇이 부족한지 말해 주려고 할 때, 그들이 간혹 여러분을 머리가 돈 사람으로 생각한다는 것을 압니다.

놀라운 사실은 여러분이 항상 그분에게 바로 서지는 못하지만 하나님께서 여러분을 참으로 사랑하신다는 것입니다. 절대로 고의는 아니지만 나는 모든 일을 엉망으로 만들 때도 있고, 중요한 것에서 실수할 때도 있으며 자주 그분을 근심시켜

드리기도 합니다. 나는 그렇게 하느니 차라리 죽고 싶은 심정입니다. 그분을 너무나 사랑하기 때문에 그분에게 그러한 상처를 드리고 싶지 않을 뿐입니다. 그분은 점잖게 다가오셔서 나의 죄들과 실패와 연약함을 다스리게 하시고, 나를 용서해 주시며 계속 일을 하도록 북돋워 주십니다.

나의 친구는 사역에 대한 나의 결단에 관해 더 무거운 질문을 하였지만, 대답은 어렵지 않았습니다. 「자네가 단순히 그 일에 적합하다고 해서, 주님의 일을 사랑하지 않는다고 할 수 있겠나?」 그는 머뭇거리며 다시 질문했습니다. 「그러면 자네가 할 수 있는 다른 일들이 많지 않다고 생각하나?」

나는 어떤 다른 것을 섬기고 하나님과의 관계를 죽임으로써 절대로 나와 내 가족의 삶을 파멸시키지 않을 것이라고 항상 즉각적인 결론을 내리며 자주 내 마음을 점검합니다. 그것은 영웅적인 소리 같지만, 바울이 말한 대로 하나님의 사랑이 나를 강권하시기 때문입니다(고린도후서 5장 14절).

사람들을 향하신 하나님의 믿기 어려울 정도의 사랑을 확인할 기회가 나에게는 자주 있습니다. 기적의 부흥 집회에서 강단에 서 있을 때, 창조자에 주린 수천의 사람과 어린아이들, 휠체어에 탄 사람들과 남녀의 혼들을 보게 됩니다. 그리고 나는 왜 내가 사역에 참여하고 있는지를 잘 알게 됩니다. 나는 언제나 기도합니다. 「하나님께서 저들을 만지고 계신 것을 볼 수 있는 더 비싼 대가를 치를 수 있도록 도와주시옵소서.」

그리고 왜 모든 사람을 만지지 아니하시고 치유하여 주시지 않는지는 모르지만, 수천 명에게 사랑을 베풀고 계시다는 것을 나는 알 수 있다고 말씀드리지 않을 수 없습니다. 그리고 그것에 대한 온전한 대답은 성령님의 기름 부으심과 그분에 대한 갈망, 즉 대가를 지불하겠다는 우리의 작정에 달려 있다는 것을 나는 알고 있습니다.

그리고 여러분 중 수천, 수만 명이 역시 대가를 지불하리라는 것을 확실히 알 수 있습니다. 하나님께서는 아직도 우리가 상상할 수 있는 것 이상으로 세상과 사람들을 사랑하고 계십니다.

지켜야 할 예의

성령님의 임재하심과 기름 부으심에 대한 대가를 지불해야 하는 것에 덧붙여서, 기름 부으심을 받은 후에 대단히 주의할 사항이 있습니다. 영적인 말 같지 않겠지만, 기름 부으심으로 〈게임〉을 하는 것에 대해 하나님께서 경고하신 것을 들었습니다. 여러분이 성령님과 함께하는 생활을 할 때, 주님께 실례가 되는 어떠한 것도 허용해서는 안 된다고 간곡히 말씀드리고 싶습니다.

성령님의 명백한 기름 부으심에 대한 결례를 경고하시는 것은 이미 하나님께서 이스라엘 민족을 인도하시는 과정에서 나왔습니다. 민수기 12장은 미리암과 아론이 모세에 대해 비방하는 것으로 시작됩니다. 모세가 에티오피아 여자와 결혼하였기 때문에 그들은 다음과 같은 말로 모세에게 도전했습니다. 〈주님께서 모세와만 말씀하셨느냐? 우리와도 말씀하시지 않았느냐.〉(민수기 12장 2절) 그리고 성경은 모세가 지상의 모든 사람보다 온유하였다고 강조하여 설명하고 있습니다. 그는 하나님께서 택한 사람이었고, 하나님께서는 그들의 결례를 심판하셨습니다.

모세에 대해서 하나님께서는 말씀하셨습니다. 「나의 종 모세는 다르다. 그는 나의 온 집을 충성스럽게 맡고 있다. 그와는 내가 얼굴을 마주 바라보고 말한다. 명백하게 말하고, 모호하게 말하지 않는다. 그는 나 주의 모습까지 볼 수 있다. 그런데 너희는 어찌하여 두려움도 없이, 나의 종 모세를 비방하느냐?」(민수기 12장 7~8절)

모세와 그의 기름 부음에 대해 그들이 결례한 것을 하나님께서는 좋아하지 않으셨습니다. 성경은 〈주님께서 그들에게 진노하시고 떠나가셨다. 구름이 장막 위에서 걷히고 나니, 아, 미리암이 악성 피부병에 걸려서 눈처럼 하얗게 되어 있는 것이 아닌가〉(민수기 12장 9~10절)라고 말하고 있습니다.

하나님의 기뻐하지 않으심은 대단하였고, 모세가 하나님과의 사이에서 중재하지 않았다면 미리암은 〈죽어 있는 자〉처럼 남게 되었을 것입니다. 아론은 사죄하고 간청하였으며, 모세는 하나님께 부르짖었습니다. 「하나님, 비옵니다. 제발 미리암을 고쳐 주십시오.」 그래서 하나님께서 벌을 내리시되 이레 동안 진 밖에 갇혀 있다가 미리암은 치유되었습니다(민수기 12장 11~15절).

요점은 아론과 미리암은 그들의 부르심에서 벗어나서 강력한 기름 부으심이 모세에게 있는데도 불구하고 그와 같이 되려고 노력하였던 것입니다. 여러분이 모세와 같지 않다면, 그와 같이 되려고 노력하지 마십시오. 나병이 들기 전에 구름이 장막 위에서 떠나갔음을 여러분은 알아야 할 것입니다. 기름 부음으로부터 떠나가는 사람들은 조만간 임재하심도 떠난다는 점을 인식해야 될 것입니다. 그렇습니다. 하나님께서는 회개가 있을 때 그들을 용서하시지만, 거기에는 지불해야 할 대가가 아직 남아 있습니다.

말과 노새

여러분이 성령님께 항복할 준비가 되었으면, 여러분 자신을 죽여 가야 하며, 놀라운 임재하심과 기름 부으심 속으로 나아가야 합니다. 여러분을 위하여 그분께서는 항상 준비하고 계시지만, 여러분에게 자극이 될 수 있는 성경의 한 구절을 여러분과 함께 나누고자 합니다. 이것을 통해 성령님께서 나에게 자주 꾸지람을 주셨기 때문입니다.

시편 32편 9절에서 〈너희는 재갈과 굴레를 씌워야만 잡아 둘 수 있는 분별없는 노새나 말처럼 되지 말아라〉라고 하였습니다.

어느 날 주님께서 내게 그 구절을 주셨는데, 성령님께서 나를 흔들어 놓으셨습니다.

말이 어떠한지 여러분 아시지요? 말은 앞으로 달려 나가는 성급한 성질을 가지고 있습니다. 노새는 어떻습니까? 노새는 아주 고집이 세서 움직이지 않으려고 합니다. 하나는 너무 빨리 달리고 다른 하나는 전혀 달리려 들지 않습니다.

이것은, 말은 곧 기름 부음을 소모해 버리고 육으로 되돌아가고, 노새는 육신 속에서 죽어 간다는 심각한 메시지입니다. 슬프게도 교회 내의 많은 사람이 노새와 같습니다. 그들은 하나님께로부터 아무것도 원하지 않습니다. 임재하심도, 기름 부으심도. 그들은 완고하기만 합니다.

만약 나의 교회에 모두 주님을 깊은 신앙으로 따르는 양과 같은 사람들만 있는 것이 아니라면, 노새보다는 차라리 말과 같은 사람들이 있는 편이 낫습니다. 적어도 말은 어느 곳에건 가려고 하며 조련을 시킬 수 있는 기회가 있으니까요.

자, 움직일 때가 되었습니다

앞에서 언급했듯이 우리는 굉장한 능력의 시대를 살고 있습니다. 죄로 가득 차기는 했지만 은혜가 더 가득한 시대입니다. 불행하게도 수백만의 사람이 하나님으로부터 반대 방향으로 나아갑니다. 사회는 도살장과 같습니다. 우리의 젊은이들은 고통을 당하고 있습니다. 그러나 다른 수백만의 사람은 하나님에 주리고 있으며, 그분 앞으로 나아가 섬기기를 원합니다. 여러분은 후자의 경우일 것으로 확신하며 여러분이 앞으로 계속 나아가길 기도드립니다. 모든 하나님의 백성을 위해 준비된 귀중한 기름 부으심 안에서 성령님의 능력을 향해 여러분은 나아갈 것입니다.

아무것도 여러분을 방해하지 못하도록 하십시오. 그분은 정말 여러분을 원하고 계십니다.

나와 같이 기도하지 않겠습니까.

아버지 하나님, 지금 당신께 완전히 순복하나이다. 모든 것을 당신께 내어 드립니다. 저의 육신을, 저의 혼을, 저의 영을, 저의 가족을, 저의 직장을, 저의 가진 것을, 저의 연약함을, 저의 재능을, 저의 과거와 현재와 미래를, 저의 모든 것을 영원을 위해 내어 드립니다. 주님, 제가 당신을 근심시켜 드린 모든 일에 대해, 저의 신뢰의 부족함에 대해 회개하는 마음을 저에게 주시옵소서. 제가 그러한 길에서 뒤돌아서서 하나님께서 기뻐하시는 다른 길로 갈 수 있도록 능력을 주시옵소서. 성령님, 바로 지금 저의 삶 속에 영접해 드립니다. 성령님께 찬양을 드리며, 성령님을 사랑합니다. 예수님을 통해서 제가 아버지께 간구한 것들을 받을 수 있도록 도와주시옵소서. 저는 제 자신에 대해 정말 어떻게 해야 할지를 모르오니 성령님과의 친교 속으로, 그리고 교통함 속으로 들어갈 수 있도록 도와주시옵소서. 제가 성령님의 임재하심을 온전히 알 수 있도록 해주시옵고, 성령님의 음성을 들을 수 있게 하시옵소서. 성령님께 순종할 것을 약속드립니다. 주 예수님, 제가 순종하고 배워 나감으로써 성령님을 통해서 제게 기름을 부어 주시옵소서. 저의 주변에 있는 사람들과 주님께서 저에게 인도해 주시는 사람들을 만질 수 있는 주님의 능력을 저에게 허락하시오며, 그리고 다음에 어떻게 해야 할지를 보여 주시옵소서. 절대 주님과의 친교를 게을리 하지 않도록 도와주시옵소서. 우리 주 예수 그리스도의 이름으로 기도하옵나이다. 아멘.

너희 속에 내 영을 두어, 너희가 나의 모든 율례대로 행동하게 하겠다. 그러면 너희가 내 모든 규례를 지키고 실천할 것이다. (에스겔 36장 27절)

그러나 성령이 너희에게 내리시면, 너희는 능력을 받고, 예루살렘과 온 유대와 사마리아에서, 그리고 마침내 땅끝에까지 이르러 내 증인이 될 것이다. (사도행전 1장 8절)

옮긴이의 말

　변변찮은 번역을 다시 세상에 내놓게 되었습니다. 하나님의 한없는 은혜를 생각할 때, 나를 도구로 사용해 주신 성령님께 감사를 드리며, 이 책을 통해 얻어지는 모든 영광이 우리 주 예수님께 돌아가기를 바랄 뿐입니다.

　나는 거듭난 지 이제 5년밖에 되지 않았고 아직도 크리스천으로서 체험이 부족한 사람입니다. 지금은 이미 천국에 계신 친형에게 이끌려, 어린 시절에는 주일 학교를 통해 매주 교회에 착실히 다녔습니다. 하지만 고등학생 때 세례받을 준비를 하는 과정에서 하나의 도덕이나 윤리로 알고 있던 기독교가 갑자기 종교 의식을 통해 나에게 다가왔을 때 이를 거부하지 않을 수 없었던 기억이 납니다. 누구나 겪어야 했던 입시 전쟁과 전공 과목의 영향을 받아, 나는 예수 그리스도보다는 키르케고르나 니체를, 기독교보다는 과학을 더 좋아하였습니다. 또한 한국 과학원을 졸업하고 사회에 첫발을 내딛은 후 순탄한 길을, 남들이 보면 부러워했을지도 모를 길을 달려오며 나에게는 언제부터인가 자만과 교만과 방탕이 싹트고 있었습니다.

그러던 어느 날 하나님께서 나를 깨우쳐 주셨습니다. 이 세상에는 두 가지 주된 사상이 있다고 합니다. 그중 하나인 헬라 사상은 현재까지 이 세상을 이끌어 나가고 있는 인간 중심의 사상이며, 그것을 바탕으로 한 모든 학문에 우리 모두가 어려서부터 물들어 있습니다. 그러나 그와는 정반대인 하나님 중심의 히브리 사상은 전혀 접할 기회가 없었고, 하나님과 우리 사이에 채널이 맞지 않으면 그분의 말씀을 들을 수 없다고 배웠습니다. 그래서 나는 성경을 처음부터 끝까지 읽어 확인하지 않고는 배길 수가 없었습니다.

나는 성경 속에서 선과 악을 보게 되었으며, 사탄과 어둠의 권세자들이 다가오는 마지막 세대에서 우리를, 우는 사자와 같이 집어삼키려고 하는 것을 보았습니다. 그리고 우리 피조물인 인간으로서는 어찌할 수 없기에 예수님께서 우리를 위하여 보혈을 흘리시고 십자가 위에서 돌아가실 수밖에 없었던 놀라우신 하나님의 사랑을 발견하였습니다.

학창 시절 영어와 음악 성적이 신통치 않았던 내가, 이제 주일이면 빠짐없이 교회에 나가 하나님을 찬양하며, 영어로 출판된 책을 한국어로 번역하여 두 번째로 세상에 내놓게 되었습니다. 역시 하나님께서는, 모세의 경우에도 그랬듯이, 세상에서 얻은 지식은 제쳐 두시고 당신께 돌아온 순간부터 나를 지켜보시며 인도해 주신다는 것을 실감할 수 있었습니다.

베니 힌 목사님은 지금도 계속 한 달에 한 번씩 미국의 각 주를 순회하면서 기적의 부흥 집회를 인도하고 있습니다. 집회 때마다 3~4시간 전에 이미 집회 장소가 가득 찹니다. 그럴 경우 미국에서는 엄격한 규정에 따라 집회 장소의 문을 닫습니다. 이러한 상황을 생각해 보면, 수적으로 많은 한국의 큰 옥외 집회와 비교할 때 큰 오해를 낳을 수 있을 것입니다.

나의 가족이 지난 해 8월 올랜도 크리스천 센터의 주일 예배에 참석했을 때에도 예배 시작 전에 이미 입추의 여지가 없을 정도로 예배 장소가 가득 찼습니다. 또한 하나님께 감사하는 찬양이 한 시간이고 두 시간이고 그치지 않고 계속되는 것을 보고, 한국에서의 조금 틀에 박힌 듯한 딱딱한 예배 분위기와는 너무나도 대조적이라고 생각했습니다.

『안녕하세요, 성령님!』과 이 책이 한국어로 출판되기까지 성령님의 인도하심이 있었던 것을 간과해서는 안 될 것입니다. 한국에 있는 하나님의 자녀들을 하나님께서 특별히 사랑하시기 때문에 이러한 책들이 세상에 빨리 나올 수 있었던 것입니다. 영어 원서가 세상에 나온 지 얼마 되지 않았을 때에 이미 판권 획득을 위해 적지 않은 금액을 투자하면서 이 책의 번역 출간을 과감하게 밀고 나갔던 〈열린책들〉의 홍지웅 교우님께 특히 감사를 드립니다.

이 책을 번역하는 데 여러 사람의 도움이 있었으며 특별히 번역 곳곳에 큰 도움을 주신 석남일 전도사님께 감사를 드립니다. 의학 용어의 자문에 응해 주신 최등영 의사 선생님과 기도로 지원해 준 아내와 많은 성도님에게도 감사를 드립니다. 또한 이 책이 세상에 나올 수 있도록 다듬고 손질하며, 편집과 인쇄 과정에서 정성을 기울여 주신 분들에게도 감사를 드립니다.

이 책은 오직 한 분뿐이신 우리 주 예수 그리스도의 뛰어나신 이름을 높이기 위해 번역되었으며, 그러한 뜻이 성령님의 역사하심을 통해 한국 성도들 가슴속 깊이 심어질 수 있기를 바라는 마음에서 출판되었습니다.

이 책을 사랑하시고 끝까지 읽어 주신 독자 모두가 오직 예수님만을 담는 투명한 빈 그릇으로 준비되어 성령님의 놀라우신 사역에 쓰일 수 있기를 간절히 바랍니다.

지은이

베니 힌 Benny Hinn

목사이자 복음 전도사이며 베스트셀러 작가다. 베니 힌은 1952년 12월 3일, 이스라엘 야파에서 태어났으며, 미국 플로리다주에 있는 초교파주의 교회인 올랜도 크리스천 센터의 설립자이자 담임 목사로 활동했고, 현재는 미국 텍사스주 어빙에 본부를 두고 있는 〈베니 힌 미니스트리〉 및 〈세계 봉사 활동 센터〉의 설립자 겸 대표다. 정기적으로 열리는 그의 기적의 집회에는 미국을 비롯하여 전 세계로부터 수만 명의 사람이 모인다. 또한 그의 가르침은 TV 프로그램을 통하여 수십 개국에 방영되고 있어 수많은 사람을 성령님의 임재 가운데로 인도하고 있다. 현재 그는 미디어를 통한 선교 사역뿐 아니라 가난한 사람과 고아들을 돌보는 사역도 집중적으로 펼치는 중이다. 세계적인 베스트셀러 『안녕하세요, 성령님!』의 후편인 이 책은 우리가 간절히 소망하는, 귀한 성령님의 기름 부으심을 받기 위해 준비해야 할 기본 원리들과 놀라운 하나님의 손길을 보여 주고 있다. 그 외 저서로 『예수님의 보혈』, 『그 능력의 근원』, 『그분이 나를 만지셨네』 등이 있다.

옮긴이

안준호

안수 집사. 고려대학교와 한국과학원을 졸업했으며, 과학기술처를 거쳐 30년간 국제 원자력 기구IAEA에서 선임 핵 사찰관, 기술 자문 위원 등으로 근무했다. 2010년 정년 퇴직 후 서울대학교 원자핵공학과 등에서 강의했으며, 현재 한국 원자력 통제 기술원에서 강의와 자문을 하고 있다. 지은 책으로는 『10일간의 성지 순례』, 우리말로 옮긴 종교책으로는 베니 힌 목사의 『안녕하세요, 성령님!』, 캐서린 쿨먼의 삶과 설교를 모은 『하나님께 수표를 청구하셨나요?』, 샘 힌 목사의 『예배로의 부르심』, 라인하르트 본케의 『성령의 은사와 능력』 등이 있다.

성령님의 기름 부으심

지은이 베니 힌 **옮긴이** 안준호
발행인 홍예빈·홍유진 **발행처** 사람의집(열린책들) **주소** 경기도 파주시 문발로 253 파주출판도시
대표전화 031-955-4000 **팩스** 031-955-4004
홈페이지 www.openbooks.co.kr **email** webmaster@openbooks.co.kr
Copyright (C) 주식회사 열린책들, 1992, 2022, *Printed in Korea*.
ISBN 978-89-329-2286-7 03230 **발행일** 1992년 5월 25일 초판 1쇄 1998년 4월 30일 초판 22쇄
2001년 5월 20일 2판 1쇄 2006년 3월 15일 2판 12쇄 2006년 9월 30일 신판 1쇄 2019년 11월 10일
신판 11쇄 2022년 9월 15일 4판 1쇄